日本文化关键词

岩波新書精选08

[日] 藤田正胜 著
李濯凡 译

新 星 出 版 社 NEW STAR PRESS

新经典文化股份有限公司
www.readinglife.com
出　品

致中国读者

隋唐时代以来，日本在约两千多年的时间里一直努力学习中国的学术、艺术、技术和文化。日本今日之发展，即仰仗中国伟大先哲长期以来的言传身教——这样说并不为过。中国，有学恩于日本。如今，借由新经典文化的翻译和出版，岩波新书来到中国读者面前，我想，这也算是对中国学恩的一点点谢意吧。

岩波新书与中国结缘已久。岩波新书创刊于1938年。前一年，日本加剧对中国的侵略，岩波书店创始人岩波茂雄对独断专行、破坏中日友好的军部感到强烈不满，遂决心创刊岩波新书。要想抵抗日益猖獗的军国主义思潮，首先必须要做的，就是实事求是地了解中国。岩波茂雄秉持着这种信念，最终选择了《奉天三十年》作为创刊的首部作品。

《奉天三十年》是19世纪末至20世纪初，在当时的沈阳努力推行医疗普及的爱尔兰教会医师克里斯蒂的回忆录。这本著作除了向读者展示了当时满洲发生的事情和民众的生活外，还是一本即便以今天的标准来看也颇有学术价值的著作。作为东亚的朋友，对中国人民怀有深切感情的岩波茂雄深受克里斯蒂的触动，将其回忆录翻译出版，以此开始了岩波新书的历史。

承先行者之志，岩波新书此后又出版了许多以中国历史、社会、文化、艺术为题的书籍。自创刊以来及至今日，由岩波新书发行的、以中国为主题的书籍已达140余册。我们对于中国的关注和热情从未衰减，对于岩波新书而言，“中国”已成为身边不可忽视的存在。

那么何谓“新书”呢？或许有必要向中国读者再次进行说明，因为新书是诞生于日本的独特出版物。

新书最大的特点是它“小而紧凑”。在字数上，新书大约在十万日文字左右。标题简练，通俗易懂。若是部头过大，则十分难读；若部头过小，则不能尽兴。而取其中庸的新书正符合日本人喜爱轻快节奏的心性。日本人就是喜欢新书这类书籍的人。

据说，目前日本已经出版了一百多种可称为“新书”的书籍。除岩波新书外，中公新书、讲谈社现代新书、筑摩新书、集英社新书、光文社新书等，以出版社冠名的新书种类数不胜数。各大出版社相互竞争，每月合计发售数十本新书。诸位读者日后来日本旅游时，也可顺路看看日本的书店。日本的书店会有一个“新书区域”，在这个区域，你会看到如同百花齐放般热闹的景象。

在百花齐放的新书领域，岩波新书是第一个在日本发行新书的老字号。创刊八十年以来，我们时时刻刻在满足着日本读者的求知欲和好奇心。岩波新书的一大特色就是其内容的可信度高。

我们在各个领域拥有最权威的学者、编辑和作家，产出了许多可称为名著的作品。在岩波新书出版著作是一件很有荣誉感的事，这已经是日本各界达成的共识。

岩波新书擅长的领域是学术和纪实。畅游在学术世界里的学者为将思考和研究成果凝聚成一本小小册子而倾注心血，执笔著述。行走在“真实”世界中的新闻工作者则冷眼审视时代变迁和社会动向，以锋利的笔触向世人传递信息。无论在哪一领域，以满腔热血活跃在第一线，这就是岩波新书。

日本有一个词叫“修养新书”，这也可以说是岩波新书的代名词。读者可以在书中养性修身，进而构筑一个美好社会和世界，这便是岩波新书的目标。不止步于获取知识，而是将获取的知识与自我的生活、生命相连接，所谓“修养”就在于此。将更多的“修养新书”带到这个世界，这就是我们岩波新书的使命和理想。

此次经新经典文化发行的岩波新书，是我们从出版的3200本书中严格挑选出来的。无论哪一本，都是了解日本历史、文化、社会的绝佳书籍，对此我们深信不疑。

最后，我想向中国读者，以及从中牵线搭桥的新经典文化主编杨晓燕女士和各位翻译、校阅的老师致以深深的谢意。已经捧得本书的读者，希望这本书能够成为你美好的人生伴侣。

岩波新书主编　永沼浩一
2018 年 8 月

序

描画日本文化的自画像

在回顾漫长的人类历史时，我们很容易就能想象到，特别是在近代以前严酷的环境下，仅是为了确保食物、繁衍子孙、维持生命就已经极其艰难了。但是，人们即使在这样的状况下，也不是仅仅想着怎么活，比如他们会把目光投向自己周围美丽的自然，并且用诗与歌来表现从大自然接受的感动；或者接触到亲近的人、所爱的人的死亡时，会想到生命的短暂，会去思考生的意义；或者在人生、在社会上遭遇各种苦难时，面对各种矛盾时，人们会不断探索使心灵得以安宁的道，思索社会应有的形态。

这样的行为，我们可以用“文化”这个词来概括，并用它来丰富我们的生活。如果没有文学、艺术、宗教、哲学等活动，我们的人生肯定是极其匮乏的。

文化是在环境等各种条件下，在漫长的历史中创造出来的，它们分别具有各自独特的内容。各自的文化是与生存在各自文化中的人们对事物的看法和价值观结合在一起的。因此，我们在与不同的文化相遇时，经常会对文化的差异感到惊奇。比如去外国会遇到绝对不吃某种肉的人，会遇到外出时一定会头戴某样东西的人，你总是会惊讶于他们严格遵守戒律的意志。

回顾历史，当明治初期的日本文化与西洋文化相遇时，人们的惊奇是极其大的。产业、军事等相关技术，议会、学校、邮政等制度，洋装、理发之类的风俗，所有这一切肯定都是惊奇的对象。福泽谕吉在幕末至明治初期刊行的《西洋事情》初编的篇首论述了“文明的政治”，作为它所要求的第一要件举出了“自主任意”。福泽谕吉就是这样来翻译liberty、freedom等词的，他解释，“国法宽，不束缚人”“人不分贵贱都按照自己的意志来选择职业，发挥自己的才能和能力”。福泽谕吉在《西洋事情》的开头就讨论了“自由”，这表明他已经看到这是日本的政治、社会与西洋之间最大的不同。或许可以说，日本的近代史就是消化明治时人们所抱有的惊奇，并将其内化在自己血液中的过程。

文化相遇带来的意义，就在于它让我们把目光投向了自身文化框架中所看不到的东西，即不同的看法和世界观。我们对此感到惊奇，或者因此动摇了自己的世界观。通过这个过程，我们培养了反观自己的目光和对他者产生共感的心。通过这个过程，我们让我们的文化更加丰富，同时形成了与他者共存的基础。也可以说，与他者的相遇才是我们使我们的文化更加丰富的源泉。

但是现在，我们历经漫长时间进行创造的活动却面临着重大的危机。这与现在波及整个世界的全球化浪潮密切相关。全球化带来许多便利，但另一方面也给我们的社会带来诸多问题。

人们只关注对经济利益的追逐，或许可以说，这才是最大的问题。而且，不顾体面地追逐利益还在各种场合产生了等级差别，产生了对立和倾轧。无论是发达国家，还是发展中国家都没什么两样。而且，它还产生了试图从民族和宗教、肤色和性别、政治见解等各种观点出发，通过发现异质的东西，通过诽谤、排斥“他者”，来认同自我身份和存在意义的风潮。

在这样的状况下，文化与文化、民族与民族、宗教与宗教之间的鸿沟开始向越来越深的方向发展。经历漫长时间创造的文化，以及与他者共存的努力即将出现龟裂。我们强烈地认识到，这种倾向必须就此打住。

对于这种情况，我们并没有立竿见影的应对方法。我们只能从认同各自承担各自的历史和文化并相互尊重开始，除此以外再没有其他的道路。现在，我们不是正在重新探寻以这样的姿态相互对话的途径吗？人类通过接触和以前不同的东西并由此而受到刺激来丰富自己的文化，丰富自己的人生。不同的文化和思维方式互为彼此丰富的源泉。我们已强烈感受到现在必须回到这个原点。

我想在这样的背景下，本着以上的思考，来重新审视日本的文化、思想、宗教在漫长的历史中所产生并创造出来的东西。抱着这样的意图，我执笔写下本书。这绝不是只关注自己、夸耀自己的独特性，而是为了与不同文化、思想进行“对话”。

要想使对话有意义，首先必须描绘出准确的“自画像”。对话只靠将目光投向他者是不能成立的，只有把握了自己是什么之后，对话才能成立。因此我想做一些基础工作。为此，我首先必须明确一点，那就是我要关注从古至今的日本诗歌、艺术、宗教的漫长历史中的哪一点？如果能从中发现某种一以贯之的东西，那它就会成为我重要的抓手。这样思考时，我的脑海中不禁浮现出松尾芭蕉（1644—1694）《笈之小文》——贞享四年（1687）至翌年从江户出发巡游伊势、吉野、明石等地时写的游记——中的一段话：

> 西行之于和歌，宗祇[1]之于连歌，雪舟[2]之于绘画，利休[3]之于茶，其贯道之物，一也。且风雅中物[4]随造化以四时为友。所见莫非花，所思莫非月。像非花时，等同夷狄[5]。心非花时，类于鸟兽。出夷狄，离鸟兽，随造化，归造化。

在芭蕉那里，“风雅”首先是意味着俳谐和诗歌的词。但不止于此，这个词还意味着欲与随四时即春夏秋冬变化的万象（造化）在一起，意味着那种生活方式，以及存在于其中的美，更意味着理解美的心，以及从心中产生的诗歌的本质。在第五章我们将再一次看到，芭蕉在西行和歌的道、宗祇连歌的道、雪舟绘画的道以及千利休茶的精神中发现了这种生活方式、审美意识。当把自己托付给不断变化的大自然时，所能见到的一切都变成了花，浮现在脑海中的一切都变成了月。如果所见的不是花，所浮现的不是月，那么说明他还是一个尚未知晓诗歌之心的野蛮人。芭蕉坚信，只有抛开这样的状态，和造化一起生存，人才能是人，才能理解诗歌的心。

我想把芭蕉的话当作一条导引的线，并用它来回顾日本诗歌、艺术、宗教的历史，并描画日本文化的“自画像”。当然，这部拙著无法概览日本文化的整体，它只能撷取屹立在其历史中——从我自身的视角看去时——的思想家、诗人的一些活动。本书不过是在这种意义上所做的一个尝试而已。但即便如此，我认为它依然能够显示出与不同文化、思想进行“对话”的路径。我们如今正处在必须迈向“对话”的关键之处。

目 录

第一章　西行的“心”

——无常之世与咏歌之道

一、凝视“心”的歌人

觉悟到咏歌意义的人

在《万叶集》之后漫长的诗歌历史当中，许许多多的诗歌被人们吟咏。历朝历代涌现出许许多多优秀的歌人，西行（1118—1190）就是其中为人们所仰视的一个巅峰，因为他是觉悟到咏歌意义的人。西行咏歌2000余首，而关于歌论却没有留下只言片语。所谓的歌，是不会把某些东西直接当作问题来吟咏的。但是，我们却能从他所留下的和歌中了解到，他是一个直面“咏歌是怎么一回事”这个涉及本质问题的人。什么样的歌是好歌？怎样才能吟咏出好的和歌？对于西行来说，这不是大问题。而“吟咏什么”对于西行来说，才是最大的问题。

下面这首歌经常被人们吟咏：

吉野山连山，
樱花开满梢。
那日看花回家转，
此心不再随我身。

——《山家集》

若是曾经看过吉野山的樱花以排山倒海的气势扑面而来的人，那么无论是谁都会产生强烈的共鸣吧。这首歌的意思是，从看到在吉野山上绽放的樱花那天起，我的心就离开了我的躯体，我再也不能身心合一了。心被樱花的美所吸引，无论如何都难以抵御，心从躯体里浮起，离去。这首歌要吟咏的就是这样一种状态。

在此，西行作为观察者不是从外部来眺望樱花的。西行的心被樱花那无限的美所深深打动，开始从躯体里浮上来。西行直视着、凝视着那颗飘浮的心、那颗对分离的身心感到烦闷的心，并将它吟咏到和歌里。西行的歌里有吟咏诗歌的西行自己。可以说，西行在吟咏那颗“心”中找到了意义。

在物与心之间摇摆的西行

当然,在西行之前并非没有咏“心”的歌人。在《古今和歌集》的歌中,“心”也是屡屡登场的。其中的代表作就有在原业平[6]的这首歌。这是他随惟乔亲王[7]架鹰狩猎来到交野[8],在观赏渚院[9](惟乔亲王的别业)的樱花时所吟咏的歌。

人世间,
倘若全无樱花影,
春心或可悠闲。

——《古今和歌集》卷一

歌意是,如果没有樱花这种东西,我们该是多么悠闲惬意地度过春天啊。这里的“心”被置于聚光灯下,也可以说是充当了主角吧。但是,这里的“心”是在观望自己身外的世界,有着各种各样的思绪。《古今集》里的歌人们将目光投向那些思绪,细致地观察着那些纤细的变化,并将其巧妙地表现出来。这可以说是技巧的比赛。

而西行的目光没有封闭在心的世界里。外部世界——就现在而言便是樱花——不单单是引起心之变化的动因,它还深深地扎进心中。心不是抽离地观赏美丽的事物,而是活在与心的直接关联之中(高桥英夫在《西行》一书中也讨论了西行“物”与“心”

的冲突）。正如前面的和歌所表现的那样，心因为绽放的樱花之美而疯狂。这里的西行切身体验着身与心的分离，并为之而苦恼。

还有一首歌：

梦里春风，
缤纷散落樱。
梦虽醒，
胸中怦动意难平。

——《山家集》

西行是即使在梦中也能伴随着怦动的心跳，真实地看到樱花、看到落花的人，也是一个从梦中醒来仍能感受到胸中苦闷的人。西行凝视着被樱花搅乱的心，并将这颗心吟咏进自己的歌中。

从下面这首歌可以知道，西行一直凝视着在人世间摇摆不定的自己。

如若生在红尘世，
任凭在此间，
心中莫可强牵挂。

——《西行法师家集》

在滚滚红尘中，自己满是烦恼。他对自己说，莫要死钻牛角尖。

他对自己应走的方向，总是自问自答。如此摇摆、纠结、烦闷的西行就浮现在歌中。从这个意义上讲，西行可以说是吟咏“心”的歌人。

西行出家

西行是歌人，樱花绚烂无比的美是他歌咏的题材。但是，西行原本是一个名叫佐藤义清的武士。佐藤氏与出了藤原道长[10]、藤原赖通[11]等人的藤原北家[12]，与曾经平定平将门之乱[13]的藤原秀乡[14]（俵藤太）的家系都有联系。藤原北家闲院流[15]的一门——德大寺家是担任知行国[16]纪伊的田仲庄预所（代领主管理庄园的职务）的门第。西行的父亲佐藤康清曾任左卫门尉，负责守卫大内。西行后来也作为左大臣德大寺实能[17]的家臣出仕御所[18]，成为北面武士[19]。他和平清盛[20]同龄，也一起担任过鸟羽上皇御所的警卫。由此可以推测，他们之间应该有许多交谈的机会。

但是，西行于保延六年（1140）23岁时突然出家。这是出于什么原因呢？对此有各种各样的猜测，比如因同僚之死而深感无常，因悲伤的恋情，因为对宫廷内的人际关系感到失望，抑或是因为道心之深而憧憬隐士的生活，等等，详情不知。

他出家的原因虽然是个谜，但他出家的背景一定是对人生无常的强烈感受。他的歌的底层流淌着强烈的无常感，例如收录西行和歌的《山家集》里有这样一首歌：

枯野乱蓬蒿，
却有秋色驻。
世事何易逝，
茅草尖上露。

歌词的意思是，到了秋天，虽然原野枯黄，但那颜色、那风情却还留下了几分。人生短暂，就像蓬蒿乱草上的露水一样转瞬即逝。西行把对于人生易逝的强烈感受非常巧妙和唯美地表现了出来。就是这样的感受把西行带进了佛门吧（也有一种说法是，西行与高贵女性的悲恋是其出家的直接动机）。

这种对于无常的强烈感受，在后面将要探讨的亲鸾、吉田兼好、宗祇、世阿弥以及松尾芭蕉身上都能找到。这种强烈的感受贯穿在他们的诗歌、思索、信仰当中。这种对于无常的强烈感受，就是回响在日本文艺、思想、宗教中的通奏低音。当然，他们对无常的理解方式并不相同。这些不同反映在他们各自的诗歌、生活方式和思想当中。这些不同也孕育出他们各自艺术和信仰的独特性。关于这一点我们将在后文中看到。

佛道与歌道

西行虽然出了家，并在高野山结庐 30 年，但探求佛教教理并不是他一生的目标。莫不如说，他是一个歌咏不辍的人。

平安末期到镰仓前期涌现出来的高僧中，有一人名叫明惠（1173—1232）。他虽是华严宗僧人，但他却对真言密教有着深刻的理解，并在宗教观上与长期生活在高野山的西行有着相通之处。同时他的和歌也很优秀，留有《明惠上人和歌集》。西行晚年时曾拜访过住在京都栂尾的明惠，并围绕和歌的问题与他进行了讨论。

明惠也是歌人，但他更是一个努力修行佛法、深入研究教理的人。这从他弟子高信整理的《栂尾明惠上人遗训》中的语录中便可见一斑："只一心全志，无徒过时节，除勉励佛道修行，再无法师之役也。……凡佛道修行，无需任何具足也。觉睡松风，朗月为友，究来究去，再无外事。"这说的是，不虚度光阴，只一心一意修行佛道，尽究佛陀之教才是最为要紧的。

明惠成为歌人以前是一名努力修行佛道的佛教徒。西行虽然也是佛教徒，但他首先把精力投入在了咏歌上。西行为什么不专心修行佛道呢？也许是因为西行出家后有别的什么东西更加吸引他吧。《山家集》有如下歌：

樱花浸染心，
缘何尚残存？

自觉心中意，
尽去离我身。

歌词大意是，我本以为已经完全抛掉对现世的留恋，可我身上怎还留着被樱花浸染的执着的心呢？对于西行来说，樱花可能是世上最美的东西了。这首歌充分说明了樱花对他的吸引是多么强烈。

“纵使心痴留不住”

西行反复歌咏樱花之美所具有的难以抵抗的力量。下面这首即是其中之一：

山樱惹人醉，
纵使心痴留不住，
待到花散后，
亦可归我身。

——《山家集》

意思是，樱花开放之时，心因陶醉而从身体中迸出，怎么也留它不住。如果花谢了，它会回到我的身体里吧。“あこがれる[21]”一词源自古语“あくがる”，而“あくがる”一词是由表示“场

所、事情”的“アク”和表示“分离”的“カル”结合而成的（《岩波古语辞典》），所以它原本的意思是“离开本来应该在的地方”，同时也有徘徊的意思，也有魂魄离开身体的意思，因此也可以说是“浮起来”。西行从樱花那里感受到了强大的浮力。

如果不限于短歌，更宽泛地思考诗歌，并设问“诗人是什么？”，当然很难做出回答。但可以考虑这样一种回答，即诗人是比普通人有着更大的想象力，能够抱着强烈的憧憬更深地浸淫在这个世界的人，是能够脱离现实，高高“浮起”的人。说到西行，可以指出，他的浮力极其强大，强大到几乎要追问：那一度浮起来的心还会回归到他自己的身体里吗？恐怕，这种难以抵抗的力量在西行的心中生出了一种冲力，使得西行急迫地想要把这种力量表现出来。一边在信仰的道路上前行，一边又不得不把内心喷涌而出的东西变成语言。从这层意义上讲，西行也可以说是一名天才诗人吧。

地上一寸

但是，“从身体中浮起来”这种说法蕴含着矛盾。

指出这一点的是上田三四二（1923—1989）。他是医生，同时也是歌人，为人所知的歌集有《涌井》《照径》等。他也写文艺评论和随笔，其中之一就是《此世此生——西行、良宽、明惠、道元》，收录其中的最后一篇文章的题目便是《所谓地上一寸》。

关于西行对于花月的憧憬，上田是这样描述的："在西行那里，心中的浮力是很强大的。而且心一旦完全离开身体，就意味着身体的死亡，所以身体不想让心离开。于是，不想让心离开的身体就随着心的上浮同时稍稍上浮。依我所见，西行浮起了一寸。不要小看这一寸。能抵抗重力，将人的身体浮至地上一寸，这需要心有多么强大的浮力啊。西行通过'托心'于花月做到了这一点。"

我们通常因极其强大的力量而被吸附在大地上，被欲望这种强大到荒谬的重力拖拽在大地上，埋没在每天的生计里。要想甩开重力上浮一寸，当然需要同样强大到荒谬的力量。而西行使其成为可能就在于"'托心'于花月"。这里引用的和歌如实地表明了西行的确具有极其强大的力量，因此上浮一寸才成为可能。如上田所言，决不能低估这一寸。

二、作为出家，作为"咏歌"

诗歌与信仰

当西行自问自答，自己应走向何方时，浮现出来的自然是出家人的身份与歌人的身份之间的间隔。这个间隔给西行带来巨大的烦恼。

愚心任所引，
之后人生终了时，
又当作何想？

——《闻书集》

可以说，所谓的愚心，指的就是被花吸引，沉湎于歌而荒疏了求道的西行自己吧。这首歌的大意是，虽然被这样的自己拖累，但人生将尽时，我依然有坚定的信心，但也许这也是很危险的吧。

这里的西行是在佛道和歌道间摇摆，为两者不能合一而困惑、苦闷的西行。这里有过往以及同时代的歌人不曾有的深切苦闷。西行凝视着苦闷中的自己，并将他的苦闷倾诉在下面这首名为《寻花欲菩提》的歌里。

只因花色白，
恰似深山雪，
故而心生愿，
欲入深吉野。

——《闻书集》

《涅槃经》中记载有雪山童子（释迦的前身）的故事。大雪覆盖的“深山”象征着喜马拉雅山，或释迦的觉悟。歌意大致是，樱花，以及对樱花的歌咏，均是为了开悟，我这么想着，便进入了与喜马拉雅山叠映在一起的吉野的深山。眺望着前方觉悟之境，乍一看似乎刚才所见的烦恼已经荡然无存。但无论走到哪儿，那也只是一种愿望罢了，而非看到了走完觉悟之路的自己。在这里，西行似乎已强烈地意识到咏花和菩提并没有合二为一。而他一直希望两者能在某个时刻合二为一吧。西行一直凝视着这样的自己，而从中产生的深切烦恼却使西行成为了一名诗人。

不知歌之奥旨

前文说到，西行与平清盛有过来往。当平氏和源氏的对立越来越严重时，西行在心理上是站在平氏一边的。而另一方面，他与源赖朝[22]也有过一次交谈。据《吾妻镜》[23]（文治二年八月十五日条）记载，文治二年（1186），69岁的西行曾帮助重建在治承之乱[24]中损毁大半的东大寺。为募集砂金，欲请求奥州藤原氏（往前上溯，西行所出身的佐藤氏与奥州藤原氏本是同族）的西行第二次踏上了去往陆奥的旅途。途中，西行在鹤冈八幡宫[25]遇见了源赖朝，并在御所[26]中与之交谈。西行并未过多谈及和歌，只是说“咏歌者，对花月动感之折节[27]，仅作卅一字许也，全不知奥旨。然者，是彼无所欲报申[28]（原为汉文）。”

为什么不围绕和歌多做一些讨论呢？详情不得而知。《吾妻镜》中说，他们谈了许多兵法上的事情。也许西行觉得，源赖朝不是可以谈论诗歌的对象吧。但不管怎样，西行的确说了“不知奥旨”。

但这并不意味着西行没有“诗歌是什么”的自觉。从“对花月动感之折节”一句，即可知西行对于诗歌的想法。诗人不是抽离地远眺、观察自然的，而是被自然强烈地拨动心弦，与自然共感，与自然融为一体的。这句话蕴含着西行对于诗歌的想法，即离开“我”，置身于“动感”之中时，歌便流淌出来。

离开“我”不是失却“心”。“心”作为“动感”就在那里。西行将它吟咏了出来，歌从那里涌了出来。

“咏歌”的西行

据说，《新古今和歌集》的编撰者之一藤原定家[29]曾说：“慈镇[30]、西行等人咏歌也，此外之人作歌也”（《兼载杂谈》）。藤原定家此语包含何意不得而知。大概较之感受和情怀，把更多的精力倾注在创作和技巧上的人，便被称为“作歌”吧。

西行站在了这些人的对立面上。西行的歌不会让人感受到不必要的装饰。他作歌的态度与卖弄技巧是相反的两极，而《新古今和歌集》中西行以外的许多歌人让人感受到的就是卖弄技巧。他们为了作好歌而花费了尽可能多的工夫，这些工夫又是优先于感怀的。

这样的评价在敕命编纂《新古今和歌集》的后鸟羽院[31]的歌论著作《后鸟羽院御口传》中也能看到。关于藤原定家，他说，“定家歌姿出色，却‘不愿有心，只以易于词、姿之艳为本体……’”，即藤原定家不愿作表达深切情意的歌，只在意词句、歌姿的优艳、优美。而对西行，他却评价说，“有趣，且心亦殊深……”，意思是说，被深切的心绪支撑的歌具有引人入胜的力量，充满情趣，令人感动。他认为，西行是“生来之歌人”。

咏歌时重要的不是其姿其形，而是“动感”。可以说，这一评价准确地捕捉到了西行作歌的态度。西行的想法端的表现在了“咏歌者，对花月动感之折节，仅作卅一字许也”这一句上。前文说的“西行虽未留下歌论，但他是觉悟到咏歌意味的人”，此话循的正是这个道理。

三、西行及其时代

凝视现实世界的目光

西行虽是出家人，是属于隐者那一类的人，但他并没有远离时代大潮而沉溺于歌的世界。他的目光终其一生都在凝视着现实的世界。这也与他的出身和经历有关。

如前所述，德大寺实能使藤原北家闲院流一门的德大寺家兴盛起来，而西行即是作为德大寺实能的家臣奉仕于御所的。德大寺实能也是《金叶和歌集》等敕撰和歌集中收有歌作的优秀歌人，他与西行也多有咏歌唱和。实能的妹妹，入侍鸟羽天皇[32]后成为中宫[33]，生下显仁亲王（后之崇德天皇[34]）的待贤门院璋子[35]评价西行说他抱有强烈的憧憬。而崇德院对和歌也抱有强烈的热情，他命藤原显辅[36]编纂《词花和歌集》，其中有西行的一首歌以无名氏的名义入选。另外，《山家集》中也收录了一首崇德院与西行的唱和歌。

西行出家前并不是高级别的武士，但他出家后却以歌人的身份与高贵之人交往甚密。这也同时意味着他目睹了那些人被玩弄的命运。在皇位继承问题上，鸟羽院和崇德天皇之间发生争执，出现不和。二者的对立成为导火索，加之摄关家内部发生争斗，保元之乱（保元元年，1156 年）终于爆发。崇德院在争斗中败北后出家，寄身于仁和寺。听说此事的西行赶到仁和寺，咏出一首怨恨世事变迁的歌：

我观月澄澈，
斯世影不变，
此身实堪恨。
——《山家集》

在崇德院被流放到赞岐时，西行甚至还留下一首慨叹都城和歌衰落的歌："言语已绝情，此时偶相逢，此身实堪悲"（《山家集》）。

动荡时代

时间不久便来到了平清盛只手遮天的时代。面对这一态势，治承四年（1180）以仁王[37]发出打倒平氏的令旨，并与源赖政[38]一同起兵。虽然这场动乱很快便被镇压下去，但各国反平氏势力以此为契机纷纷举兵，并最终发展成了治承寿永之乱。时代即将大变的这一年，西行已经63岁。他离开了长年居住的高野山，移居到了伊势，并在那里生活了6年。至于为何移居，虽详情不知，但大概与这样的时代变迁是有关的。

西行在伊势度过的6年期间，源赖朝在伊豆起兵，平氏和源氏展开了血腥的争斗，不久平氏一门灭亡。西行听闻这场战争结束，吟咏了一首歌，同时写下这样的歌序：

武者起于世间，东西南北无所不军，人死不断，闻数甚大。几不觉真实，此何事之争耶？甚觉哀伤。

大意是，武士立于世间，东西南北无处不激战。人们相继死去，听闻数量巨大，几乎难以置信。他们究竟为什么争斗呢？我深感悲惨之境，因而咏歌。歌序之后他这样吟咏道：

翻越死出山，
亡人数相续，
没有断绝时。

——《闻书集》

死出山被认为是死者死后翻越的山。相传，人在这里将再次死去，再次品尝与当初死亡时几乎相同的痛苦。歌的意思是，越过死亡之山的人不会中断吧，因为死亡人数庞大，连续不断。

直面那血海尸山

西行就这样目睹了血流成河的杀戮时代。

死亡一定会造访活着的人，而活着的人只不过是即将死去的人罢了。但是，有的人死得没有道理，为什么一定要死？有的死亡回答不了这个问题。即便是现代，这个问题依然没有改变。2011 年以后，叙利亚内战不休，直到现在，依然每天有人在空袭中丧命。想逃离这种境遇的人乘坐小船离开，但小船倾覆了，于是又有许多生命离开。

西行直接把目光投向这些没有道理的死亡。虽然已经出家，但他并没有把目光从现实中移开，去过隐遁的生活。对于曾经是北面武士的西行来说，源平之争就是他关注的最大对象。关于源赖政和平家军夹宇治川[39]而战的所谓桥战，关于在近江[40]粟津败于源范赖[41]、源义经[42]军队而死去的木曾义仲[43]，他都留下了咏叹的歌。在这些歌中，西行无疑是将曾经是武士的自己与连续不断地越过死出山的武士们重叠在一起了吧。

在这样的时代，西行吟咏了花之美。乍一看，西行给人的印象是超越了血腥的时代，只沉浸在美的世界中。但对于西行来说，吟咏现实世界中最美、最纯粹的东西，或许并不是与现实完全割裂的行为。西行从争奇斗艳的花朵中感受到无限的憧憬，也许正是因为那些鲜花与血染的时代是完全相反的两极。

上田三四二在前文引用的《此世此生——西行、良宽、明惠、道元》一书中说："他的歌这样说道：'浮起一寸吧。此世因此便有了花，有了月。只要人们都浮起一寸，那么无杀无争的现世净土就会出现。'"西行的"对花月尽情咏歌之路"绝不是对美的沉溺，而是试图通过吟咏与战乱之世的凄惨截然相反的美来向时代呼喊，血腥的历史应该宣告终结了。如果所有人都能把目光投向花月之美的话，那么杀戮之世便会终结吧——这似乎就是他的呐喊。

四、西行的境遇

求道者西行

如前所述，西行并非将穷究佛教教理作为他一生的目的，他常常以歌人自居。但尽管如此，他当然也并非过着远离佛教的生活。他总是努力深化着他宗教般的人生。

内心已污浊，
只因清水少。

月影皎皎明，

何以宿心角？

——《山家集》

我的心已经染上了红尘之世的污浊，若把心比作水，那这水也太少、太污浊了。这样的心为什么能让真如之月，即明澈的觉悟寄宿呢？这似乎可以解释为，这就是在俗世染上烦恼的他，严峻地凝视着怎么也达不到觉悟境地的自己的眼睛。

但是接着他又吟咏了下面这首歌：

惟愿变此身，

清澈无阴影，

尽力勤打磨，

心中月光影。

——《山家集》

大意是，设法变成清澈的、没有阴影的身体，来磨洗我心中之月。将心的本性比作月亮，这种比喻虽在佛教中屡屡出现，但这里表达了想通过打磨心中之月，努力达到觉悟境地的强烈愿望。

晚年的境遇

从前文引用的“愚心任所引，之后人生终了时，又当作何想”一诗已得知，这绝不是件容易的事。但是西行终其一生都想让佛教的教义具体体现在自己的生活方式中。而且到了晚年，可以说他实际上已经到达了这个境界。文治二年（1186），他在第二次赴陆奥的旅途中吟咏了下面这首歌：

随风袅袅富士烟，
消散长空，
不知所踪，
似我思绪哉。

——《西行法师家集》

《新古今和歌集》《西行物语》等书中都能看到这首歌，可谓家喻户晓。但这也是一首可做多种解释的歌。实际上，迄今为止也的确出现了各种各样的解释。

和富士山上随风飘散的烟一样，自己的思考也不知了去向。从“不知所踪”一句可能会读出迷惑、不安，但我认为这里所要表达的，是西行对那不知所踪的肯定，从中能够读出他心中的“平安”，也让人深切感受到充满苦闷的“心”被重合进了富士的烟里，已经无需再执着了。我们可以这样解释这首歌，即“空”的思想认为，物质并没有应该执着的实体，它不过是暂时存在于那里而已。西行并非将“空”的思想作为单纯的教义，而是深有同感地将其作为实际感受来接纳它，并在此基础上将其作为歌吟咏出来。

“第一自叹歌”

天台宗僧人慈圆（1155—1225）也与西行有过交往，他也是一位评价颇高的歌人。前文在介绍藤原定家所说的“慈镇、西行等咏歌”时提到了慈镇。慈镇，是慈圆的谥号。由此可知，他是被公认为与西行齐名的歌人。慈圆比西行小 40 岁左右，但两人却有着很深的精神交流。从一些资料可知，无论是佛道，还是歌道，慈圆都仰慕西行为先达。慈圆也有许多歌入选《新古今和歌集》。尊圆入道亲王[44]还为他编辑了私家集[45]《拾玉集》，其中有三首悼西行之死的歌（是赠予广为世人所知的歌人寂莲[46]法师的），歌后附注云：“又思之，‘随风袅袅富士烟，消散长空，不知所踪，似我思绪哉’亦（西行）此二三年间所咏，并云‘此乃我第一自叹歌’。”（《拾玉集》第 5158—5160 首左注）

咏“随风袅袅……”之歌时，如果有迷惑、不安的话，大概就不会说成“第一自叹歌（自赞歌）”了吧。西行的想法就包含在这句话里，即通过这首歌来表现自己所能达到的境界。

蕴藏在最晚年的歌中的想法

我们从西行最晚年的歌中就能看到如此的境界。文治五年（1189）夏，也就是在河内[47]弘川寺入寂的前一年，西行到比睿山[48]的无动寺拜访慈圆。无动寺是位于比睿山中无动寺谷的塔头（附属于大寺院的小寺）。西行在那里住了一晚，第二天早晨，两人在无动寺大乘院的耳房（从正房伸出来的房间）一边眺望琵琶湖，一边咏歌唱和。《拾玉集》载有西行的歌：

鹇鹏沐朝日，
放眼水面平，
轻舟划水过，
竟无波浪痕。

——《拾玉集》第四

“鹇鹏”，即鹇鹏之海，指有鹇鹏的湖，琵琶湖的别称。歌的大意是，朝阳映照着琵琶湖，眺望平静的湖面，一幅静谧的景象展现在眼前，船儿划过，连一点水波的痕迹都没有留下。

慈圆也和了一首。慈圆在歌序中写道，西行咏这首“鹇鹏沐朝日”之歌时说：“所谓歌事，今思断绝，当以此为结句奉上。”

首先应该注意的是“所谓歌事，今思断绝”一句。当时在歌人之间非常盛行所谓的“歌战”，即歌人分成左右两组咏歌，比赛优劣。西行自己从不参加歌战，但在晚年，他用自己的歌创作了《御裳濯河歌合[49]》和《宫河歌合》两部“自歌战”奉纳给伊势神宫。当时他发誓以后再不作歌，并写了《和歌起请》誓文。前句即指此事。

但是，从他这首生命结束之前最后的歌（结句）我们能知道，一种难以抑制的思绪涌上了西行的心头，眼前的鹛鹏之海风平浪静，洒满朝阳。只有面对这样的景色才应该咏歌啊。

这是只有在琵琶湖美丽景色的诱惑之下才会发生的事。西行虽然打破了誓言，但他想吟咏的是他的“心”吧。在佛道和歌道之间摇摆的心，在无明长夜中徘徊，为不能达到彻底开悟而烦躁的心，以及一切都消失以后那静谧的湖面，如今只剩下了这些。他想吟咏的就是他最后所能达到的境界。

“如虚空之心”

《栂尾明惠上人传记》是记录西行最晚年境遇的资料之一。前文提到，西行晚年曾去栂尾的高山寺拜访明惠。这部传记记述的正是两人当时的交往。

> 读我歌者遥异于世之常。华、郭公、月、雪都向万物之兴，凡所有相皆是虚妄事，遮眼满耳。又所读出之言句非皆是真

言。虽读华，实无思华之事；虽咏月，实不思月。只如此随缘随兴读置之处也。似红虹拖曳，则虚空着色；似白日生辉，则虚空光明。然虚空本非明物，又非着色之物。我又于此如虚空之心上，虽云着色种种风情，却更无踪迹。

西行与世上许多歌人不同，在他看来，存在皆为虚妄，他说他只是在随缘吟咏那临时出现的形态。西行补充说，因为将各种风情转化成了语言，于是色彩就产生了，但那是产生在虚空的心上的，那里没有留下任何痕迹。

明惠比西行小 55 岁，与西行相遇时，他应该只有十五六岁。两人之间是否有过这样的交谈，没有确证。但“随缘随兴读置之处也”这句话与先前引用的《吾妻镜》中“咏歌者，对花月动感之折节，仅作卅一字许也”的表述是相通的，都充分表明了西行对和歌的态度。而且“更无踪迹”的表达也与刚才看到的“轻舟划水过，竟无波浪痕”一句相契合。各种各样的东西在心上来来去去，但是来的东西都将离去。这里什么都没有留下，只有“如虚空之心”。当西行将“结句”与所表达的歌的内容相重合的时候，只有这如同虚空的“心”才是西行最后的境界吧。在最后一首歌中，西行咏出了自己如同虚空的“心”。

第二章　亲鸾的“恶”

——末法时代的拯救

一、末法之世

西行的歌道与佛道

第一章引用了西行题有歌序“寻花欲菩提”的歌——“只因花色白，恰似深山雪，故而心生愿，欲入深吉野”。前文虽指出了西行在歌道与佛道之间的摇摆，但两者在西行处也许并不是矛盾的。

这从莲阿留下的《西行上人谈抄》(1225—1229？)的记述中也可得知。莲阿，俗名荒木田满良，在伊势神宫内宫担任权祢宜。西行对将日本众神视为佛的化身这种本地垂迹思想抱有浓厚的兴趣。西行在治承四年（1180）移居伊势以前可能已经通过和歌与满良等伊势神宫的神官们有了交往。移居伊势以后，他经常与满良，还有他的哥哥氏良等人咏歌唱和。满良不仅跟西行学作歌，还受到了西行宗教观的重大影响。后来满良出家，法号莲阿。

晚年，莲阿把曾经从西行那儿听来的话语汇集成书，名《西行上人谈抄》。其中莲阿记下这么一段：

> 昔上人[50]云，和歌常心澄，故无恶念，思后世亦进其心，此事实也。岭满六十，思无余命，遂遁世而求一向净土，且以好和歌之心而好道心，诚不心散，易也。

莲阿告诉我们，西行曾说，只要精进于歌道，自然就会心地澄澈，没有妄念，菩提心被唤起，欲得觉悟智慧之心也变得容易。

末法之世的佛教徒们

西行的这种理解与亲鸾（1173—1262）、道元（1200—1253）等镰仓时代的佛教徒面对信仰的方式大相径庭。这种差异或许与镰仓时代以后，所谓的末法思想在人们之间广泛深入和渗透有关。正如唯圆记录的亲鸾语录《叹异抄》中的《后序》所言“烦恼具足之凡夫、火宅无常之世界，万言皆以虚言戏言，无实有之言……”，以及道元《正法眼藏》中的“且将心挂于无常，当不忘世之易逝，人命之危殆”（《道心》），这表明他们也强烈意识到了世事无常、人生易逝。这种意识与末法思想的紧密结合体现出了镰仓时代的宗教意识特征。

所谓末法思想，是认为释迦入灭后，其教法会渐渐衰灭的思想。最初，释迦的正确教法仍能被接受和继承。正法时代后，像法时代到来，虽有教法及修行者，但不能正确修行，因此不能开悟。到了最后，虽有教法，但行（实践）和证（作为其结果的悟）衰灭，即末法时代。

这种在印度形成的思想经由中国，于奈良时代传入日本。有一种说法是永承七年（1052）进入末法时代。这种说法虽在平安时代后期就开始广泛传播，但更加强烈地摄住人心则是在镰仓时代以后。

亲鸾受教于法然。法然（1133—1212）曾有过毅然决然的回心[51]经历，他在其主要著作《选择本愿念佛集》的开头处，引用了中国净土教祖师之一道绰（562—645）《安乐集》卷上的话："《大集月藏经》云：'我末法时中，亿亿众生起行修道，未有一人得者。'当今末法，现是五浊恶世。唯有净土一门，可通入路。"

所谓"五浊恶世"，是指此世充满五种污秽，即贪、怒等人的卑劣、人的资质低下、错误思想的流布、时代的污浊等。在此恶世，通过自力修行已不能开悟，只能称名念佛，通过阿弥陀佛之力来祈愿往生。这是法然自己的宗教性自觉，也是流淌在镰仓时代宗教生活根底的东西。

祈愿出离生死

更加鲜明地表述这种精神的是亲鸾。亲鸾在《教行信证·信卷》中引用了受教于道绰的善导（613—681）在《观经疏》卷四《散善义》里的话："众生久沉生死，旷劫轮回，迷倒自缠，无由解脱。"所谓"生死"（samsara），意味着众生转生，代替死亡，在迷的世界无穷尽地轮转，也就是"轮回"。而人从遥远的从前就迷上加迷，自己束缚自己，没有能力，也没有办法出离生死而得悟。在这种无法抽身的状况下，人们拼命去探求拯救的可能性。法然、亲鸾等人的信仰，可以说就是为了指示这种可能性而产生的。

亲鸾在《教行信证》篇首《总序》中写道："舍秽忻净，迷行惑信，心昏识寡，恶重障多，特仰如来（释尊）发遣，必归最胜直道。专奉斯行，唯崇斯信。"

意思是说，人们厌恶这污浊之世，祈求净土，但因为烦恼众多而迷行惑信，抱有诸多恶业、诸多罪障。人们依恃自力，直面限界，经历信心动摇，更增加诸多罪恶。正因如此，才敬慕释尊从此世"走开"的教诲，沿着那最好的笔直的道路，重视其行（称名）和信心，并将此作为依靠吧。

他还说："摄取不舍真言，超世稀有正法，闻思莫迟虑。"将众生都纳入光明之中，拯救他们，决不放弃，这是阿弥陀佛真实的言语，是世间一般的理解所不及的稀有的教诲。接触到这样的教诲，不可磨磨蹭蹭、犹豫不决，不能失去获救的机会。亲鸾就这样努力劝导人们走“最胜直道”。

法然、亲鸾一直在祈愿远离生死，寻求拯救，因为他们强烈意识到这是末法时代。这里能感受到他们比西行或西行的时代更加强烈的在“出离生死”的道路上走下去的意志。

亲鸾和慈圆对历史的理解

上一章已谈及西行与慈圆的关系，而亲鸾与慈圆也有着不浅的缘分。据《本愿寺圣人传绘》，亲鸾于 1181 年虚岁 9 岁时得到慈圆的剃度，在比睿山修行。可以想象，自那以后两人之间便产生了各种各样的联系，只是没有留下具体记录资料而已。

如上一章所述，慈圆也以歌人而闻名。他是关白藤原忠通的儿子，在其兄藤原兼实于建久二年（1191）继任关白的第二年，38 岁的慈圆成为天台座主。但是，受到当时政治动荡的影响，慈圆担任座主后辞任，并这样反复了 4 次。他和后鸟羽上皇关系密切，其所处之地正是政治时局风云变幻的中心，因此他一直都很关注政治，这使得他写出了优秀的史书《愚管抄》。

《愚管抄》详细描述了从国之创始到承久之乱（承久三年，1221 年）之前的历史。在书中，慈圆一方面反复强调他所生的时代是末法时代，是“末代恶世”，另一方面他又认为历史不单单是从正法到末法，再到法灭时代的直线运动，它会因各个时期人们的努力而出现起伏。他的理解是，如“观自昔而来之世，相当于可尽废又起之时”（《愚管抄》卷七）所示，他所生的时代正相当于可展望秩序恢复的时期。

亲鸾所直面的是一个严酷的时代，是时代强加于人的惨烈命运。在这一点上，两人对历史的理解截然不同。亲鸾完全接受历史的否定性。不仅如此，他还想在其中开辟新的道路。著名的亲鸾思想研究者武内义范在他以《亲鸾》为题的论文中说："就亲鸾而言……他亲身体验了末法所带来的惨烈的命运否定。他在这种体验中被唤醒了与新时代相呼应的新宗教精神。”从下一节开始，笔者将具体解释这新的宗教精神是什么。

“无常迅速，生死事大”

亲鸾一往直前地追求信仰的样子，也能在同为镰仓佛教代表的佛教徒道元身上看到。道元比亲鸾晚出生 27 年，但两人均有着这个时代的精神，这一点是确凿无疑的。

道元反复强调的是“无常迅速，生死事大”。比如弟子怀奘[52]记录的道元语录《正法眼藏随闻记》云："示云：无常迅速，生死事大。暂存命间，修业好学，唯行佛道，可学佛法。”

示，即垂示，意为老师垂教、示范。所谓“无常迅速也，生死事大也”，是源自中国禅宗六祖慧能《六祖坛经》的表述，意思是说，此世之事物皆为无常，迅速转移，瞬间过去，只有从迷之世界无尽轮转漂泊的状态中脱离出来，并得以开悟，才是最重大的事情。他强调在活着的时候，若想掌握些什么，学习些什么，就必须行开悟之道，学习佛法。

道元紧接着说："文章诗歌等，其无用也。应舍之道理，不及左右。"写文章、咏诗歌是无益之事，舍弃它也是理所当然的，没有这样那样讨论的余地。这一点和西行认为的歌道与菩提心相连大为不同。道元主张应一心专注于佛道。这里充分表现了镰仓时代特有的宗教意识。

道元与和歌

道元也是通晓和歌、有着丰富诗心的人。《正法眼藏》第一《现成公案》云："人之得悟，如水中宿月。月不濡，水不破。"又云："鱼行水中，虽行而无水际；鸟飞于天，虽云飞却无天际。"能从这样的表述中感受到道元是诗人的，大概不止我一人吧。

道元视此前多次言及的慈圆为大叔父。对他来说，咏歌大概是很自然的事。他去世之后，人们发现他的备忘录里记有 150 余首歌。后人将其结集，命名《伞松道咏集》。

该集中有一首是川端康成在颁奖典礼上做纪念演讲时所引用的："春有花，夏杜鹃，秋有月，冬雪凉。"所谓"凉"，就是“清新爽快，沁人心脾”的意思。他巧妙地咏出了日本的自然。

相较于道元，亲鸾没有留下和歌（晚年创作了所谓的和赞，即用和语赞颂佛、高僧之德的今样[53]形式的诗）。他们的不同缘于何处呢？亲鸾为什么没有创作和歌呢？

亲鸾与道元的自然

正如下节将提到的，亲鸾是个始终凝视自己内心的人，是个始终凝视着心底那幽深的黑暗的人，也是个一直在认真思考如何脱离黑暗的人。在那个艰难的时代，他试图为那些拼命寻求拯救可能性的人们指明方向。亲鸾始终围绕着这个目标而努力，亲鸾眼中的自然，与道元并不相同。

道元使用的“现成公案”一词所蕴含的意思是，佛法的真理出现在一切事物之上，我们必须把它当作求道的课题。循着这样的思考路径，在《正法眼藏》第五《即心是佛》中，他说：“业已明晰，心即山河大地、日月星辰。”在第二十九《山水经》中他说：“而今山水，古佛之道现成也。共住法位，成究尽之功德。”道元的认识是，于今、在此，眼前的山水是佛之教谕变成现实所展现的形态。一切都是实现佛法后所呈现的本来形态，是赞颂究尽的功德。

而亲鸾却始终把目光投向为烦恼所惑，无论如何也不能逃脱迷之世界的众生，以及为战乱、饥荒所苦，在贫困中挣扎的农民和商人们。可以说，他们如何得到拯救才是他全身心关注的问题。

二、对于“恶”的彻底的自觉

亲鸾的脚步

亲鸾信仰的一大特征是，他总是在审视自己的信仰，把目光投向自身信仰的不充分性、不真实性，并与之正面对峙。为了看清这一点，我们不妨简单了解一下他的经历。

如前所述，据《本愿寺圣人传绘》，亲鸾虚岁 9 岁时得慈圆剃度，之后入比睿山横川的首楞严院做堂僧，修行 20 年。所谓堂僧，就是为了修天台宗的行法、四种三昧之一的常行三昧，而在常行三昧堂不断念佛的修行僧。其目标是一边口称念佛，一边围绕安放在中央的阿弥陀佛像行步，统一身口意（身体的活动、言语的活动以及精神的活动），进入佛身出现的三昧境地。

亲鸾一直坚持通过修行来追求“出离生死”之道。但历经 20

年修行，他依然没能达成目标。29岁时亲鸾下山，在京都六角堂闭关百日，一心祈愿救摄。据《惠信尼消息》所言，第95天时，亲鸾梦见圣德太子，遂决意至京都东山吉水草庵拜访法然，并在法然处百日。《惠信尼消息》云："后世之事，无论善人，抑或恶人，闻之定之，唯仰一途可出生死之道。"意思是说，亲鸾坚信，无论是善人，还是恶人，要想逃离生死，换言之，要想逃离迷之世界，就要听从法然，唯有一条路可走，就是仰赖阿弥陀佛的本愿（《佛说无量寿经》所说的四十八愿），称名念佛，这才是正确之教。

法然的教导，用《叹异抄》的话来说，就是"应只管念佛，求助弥陀"。闻听此言，亲鸾坚定了信心。亲鸾在《教行信证・化身土卷》的最后写道："然愚秃释鸾（亲鸾）建仁辛酉历，弃杂行，归本愿。"这就是舍弃一切靠自己的力量达到开悟的修行和观想，下定决心将一切托付给欲拯救所有人的阿弥陀佛的本愿。

恶人正机

亲鸾确信，只有称名念佛才是脱离生死的唯一道路。他规劝人们不要犹豫踏上"最胜直道"。这样的拯救对于那些惑于信、屡犯恶业的所谓"烦恼具足之凡夫"来说并无二致。他们为贪、怒、愚等烦恼而疯狂，说着不该说的话，做着不该做的事。对于这种性情的人，亲鸾在《叹异抄》(三)中说道："烦恼具足之我等，无论何等修行，都不会出离生死。"

但另一方面，他又说，对此等凡夫，"哀怜而起愿之本意乃为恶人成佛，赖他力之恶人，尤为往生之正因"。所谓"恶人"，乃身负深重罪恶，不具有成佛能力和素质的人。但阿弥陀佛起愿，要救这些不能自己开悟的"恶人"。亲鸾强调，自觉没有成佛的能力和素质而将一切都托付给阿弥陀佛，这才是往生的正确的因，也就是说，恶人才是被拯救的对象。

《教行信证》说，无论是犯有重罪，还是有偷盗、贪婪等恶行，甚至是不肯求佛法的人，只要他们翻心笃信阿弥陀佛，皆可往生。亲鸾的理解是，佛的慈悲尤能惠及那些罪孽深重的人。

法然门下圣觉法印著有《唯信钞》，亲鸾为其作注《唯信钞文意》。在《唯信钞文意》中，亲鸾使用了"凡愚、屠沽之下类"一语。所谓屠，就是杀生、屠宰。所谓沽，就是买卖酒或一般商品。有时以此为生业的人被称作下类。但亲鸾说，他们也因阿弥陀佛的本愿，虽具足烦恼，就是说虽然烦身恼心，但都能达到涅槃。

他还说："猎人、商人，各色人等，皆为如石、瓦、砾般之我等"(《净土真宗圣典》注释版)。不得不杀生的人，不能靠守戒来生活的穷人被说成了不足取的石、瓦。但不限于他们，亲鸾还说，"我等"也皆为石、瓦，佛的慈悲将及于"我等"一切之辈。可以说，这样的教导为民众点燃了希望的明灯。

“烦恼具足之凡夫”

“我等”当中也有亲鸾。向人们说教的亲鸾并不在“凡愚”框架之外，他也是“如石、瓦、砾般之我等”中的一个。亲鸾具有自己也是“烦恼具足之凡夫”之一的强烈自觉。

他在《教行信证·信卷》中如是说：

> 诚知，悲哉愚秃鸾，沉没于爱欲广海，迷惑于名利太山，不喜入定聚之数，不快近真证之证，可耻可伤矣。

意思是，真是可悲啊，我（愚秃鸾）沉入爱欲的广阔之海，迷失在名利（名声、利益）的大山里，不喜与被称为正定聚（已确定能成佛的人们）、得到了真实的信的人为伴，不喜听从净土真实教法而接近开悟。真是可耻啊，让人心痛啊。

正如惠信尼“闻之定之”一语所示，亲鸾虽然到法然那里受教，坚定了信心，但并没有马上实现“信心欢喜”（《亲鸾圣人御消息》）或“庆喜愈至”（《教行信证·化身土卷》）的状态。一般认为《教行信证》的这一部分是其80岁前后写的，即使是那个时候，亲鸾仍一直凝视着自己的深重罪业。

“名利之太山”

亲鸾在法然处时，主张专修念佛的法然等人与其他既有的宗派正处于倾轧状态，再加上其他原因，到了后鸟羽上皇时代，法然等人被勒令停止念佛（叫作承元法难）。法然被夺去僧籍，发配四国。亲鸾被发配越后[54]。5 年后，亲鸾被赦免流罪，但他没有回京，而是移居关东，开始传教（一般认为六十一二岁时回到京都）。

所谓“迷惑于名利太山”，似乎与没有僧籍，执笔时已入老境的亲鸾不太吻合。然而他为什么要这样写呢？亲鸾的和赞（汉字夹杂假名的赞歌，亲鸾写有 500 首和赞）中有一首叫《正像末和赞》，附在其下的《惭愧和赞》中的如下诗句给予了我们线索：“善恶二字竟不知，此等人心皆真诚。善恶二字知晓貌，却是虚言撒谎形。”意思是，不知善恶二字，不用善恶二字来判断事物的人都是真心实意的人，与之相反，自以为知道善恶是什么，并以此来分辨是非、说三道四的人，反而是一副撒谎者的嘴脸。

亲鸾涉猎各种文献，努力思考、研究什么是真的信仰，并将其付诸语言。他或许因此产生了自认为学识渊博的想法，或高人一等的感觉。他在书简中写有这样的话：“应当莫摆学生态（学者派头的议论）而遂往生”，“故法然圣人云：‘净土宗人变为愚者往生。’”(《亲鸾圣人御消息》)。亲鸾大概已经觉察到了自己在著书立说过程中不知不觉生出的骄矜炫耀之态吧。

此外，《惭愧和赞》中甚至还有“因名利而好人师”之语，意为受名利心驱使而好为人师。被众多门人仰为人师时涌上来的傲慢、自大，也就是名利的具体实例了吧。他发现自己在与弟子们的交往中产生了自恃心态，很是愕然。

这种时候，其师法然“变为愚者往生”的话语在他的心中复苏了。我们知道，这是表述法然信仰核心的话，而亲鸾自己则经常把它当作自戒之语。

为了亲鸾一人

《教行信证·化身土卷》中有言：“凡大小圣人、一切善人，以本愿嘉号为己之善根故，不能生信，不了佛智。”意思是说，大体上大乘、小乘的圣人，以及所有善人都将称阿弥陀佛的名字、名号当作自己的善行，而不是佛的教化，因此他们不能具有真实的信心，不能理解佛的智慧。而这也是亲鸾自己的状况。

虽然归于纯粹的他力，但亲鸾也必须面对一直留在信仰根底的“自己”——它将身外之物当作自身，是一种难以消灭的力量。武内义范在《亲鸾与现代》中将其视为最后的最后还是会产生出来的、自我对于本愿的绝望的“反抗”。他说：“如此倒错的关系就是用全部存在去与名号相遇，并通过宗教性的决断将自己彻底委托给名号，只有这样的人才会经历自我存在这一根基的震撼。可以说，这是遭遇他力冲击时类似于反作用力的一种东西。”

亲鸾在《正像末和赞》中留下一篇《愚秃悲叹述怀》，此即一边悲叹、一边述怀为题的和赞。可以说，前面看到的经历就发生在这个根基上。和赞写道："虽归于净土真宗，却难有真实之心。乃虚假不实之我身，更无清净之心。"虽然皈依了净土真宗之教，却几乎不会有真实之心。我身徒有其表，满是谎言和虚伪，丝毫没有清净之心。这是亲鸾 85 岁时的述怀。由此我们知道，虽已至最晚年，但亲鸾仍痛切地自觉心底仍有幽深的黑暗。亲鸾虽已年高，但他仍能痛烈哀叹，此事颇为震撼人心。

《叹异抄·后序》引用了亲鸾的话："常思弥陀五劫思维之愿，偏为亲鸾一人。"意思是，阿弥陀佛用无限长的时间苦思冥想五劫后，所发的愿就是为了他亲鸾一人。这是亲鸾自己也——毋宁说唯有他自己才能——深觉到自己被贪心、爱憎所扰乱，被自恃之心所束缚，从而说出的话。可以说，审视自己的锐利目光，才是亲鸾信仰最大的特征之一。

愚秃亲鸾

这种无限深化的自我反省，与"乃虚假不实之我身，更无清净之心"的绝望紧密相连。佛教所说的悟，绝不是单向地朝着光前行的过程，其中还包含着对无限深化之恶的自觉与绝望。幽深的黑暗就在其中。可以说，亲鸾就是最深刻地觉悟到这一点的人。

这样的觉悟使他自称“愚秃”。

所谓秃，不是指经过正规剃发的僧头，也不是髷髻，而是指蓬乱之发。前文已述及，后鸟羽院时代亲鸾被处流罪之刑，关于当时的情景，《叹异抄》是这样记述的：“亲鸾改僧仪，受赐俗名，因之非僧非俗，故而以秃字为姓……”亲鸾把自己这“非僧非俗”的处境用“秃”字表现出来，并以此为姓。

他又用“愚”字来表现前文所示的沉没在烦恼深渊、不能脱离名利心的自己。引《愚秃悲叹述怀》的话说，就是“恶性更难止，心如蛇蝎”，徒有其表，满是谎言和虚伪的自己。

直接以“愚秃”为题的《愚秃钞》一文开头有这样的话：“贤者之信，内贤外愚。愚秃之心，内愚外贤。”（《净土真宗圣典》注释版）高僧们传播净土教之教法，外表与其他教没有什么特别的不同，但他们信心坚定，心地清净。与之相反，自己的外表看上去也许像是信仰坚定的人，但内里却很愚钝。亲鸾的信仰与其自觉的“愚”同在。所谓“愚秃”，不是谦虚地称呼自己，而应该理解为这是亲鸾从恶的自觉和绝望的幽深黑暗中发出的词语。

西田几多郎与亲鸾

亲鸾的思想给予西田几多郎（1870—1945）、田边元（1885—1962）、三木清（1897—1945）等近代哲学家很大的影响。例如西田在其最后一篇论文《场所逻辑与宗教世界观》中详细论述了亲鸾的信仰。他还在去京都大学任教的第二年，即1911年，在大谷学士会为纪念亲鸾逝世六百五十周年出版的《宗祖观》一书中，发表了题为《愚秃亲鸾》的随笔。西田阐述，正如我们所见，从愚秃二字可以看出亲鸾自我反省的严厉目光，只有“愚秃”才能“表现上人的为人，标榜真宗教义，彰显宗教本质”。

西田在《善的研究》第四编《宗教》的篇首说，欲通过自身变革得到“永远之真生命”，宗教正是诞生于此。在《愚秃亲鸾》中他又说，只有“一度撒手悬崖，绝后复苏的人”，“才能翻身一回……进入新的生命”，只有在那里才有“宗教的真髓”。

敢于放开那拼命攀爬断崖绝壁的手，以此来觉悟“死”，并由此开出新的道路，这话是循着白隐禅师的弟子古郡兼通的偈所说的。亲鸾凝视着自己徒有其表、满是谎言和虚伪的心，并试图彻底否定对自力的执着心。在这样的亲鸾身上，西田大概看到了他那决死的翻转了吧。他从“愚秃”二字，看到了亲鸾对自我的彻底否定。

西田说，“只有品得愚秃之所以为愚秃的人”，才能触及超越人的智和德的东西，才能获得新的生命。之后他又这样写道：“不管是他力，还是自力，一切宗教无非是在品味这愚秃二字。”

三、拯救的悖论

从恶的自觉到拯救

前面引用了《叹异抄·后序》："常思弥陀五劫思维之愿，偏为亲鸾一人。"这里有亲鸾对自己被爱憎和名利心所扰动，被自恃之心所束缚的痛楚的哀叹。但是亲鸾又接着说："故而本愿欲助持此种业之身，诚惶诚恐。"亲鸾将所有的罪业都背在自己一人身上，但同时他又意识到，佛可怜亲鸾背负着无限罪业，佛想要帮助他因而立愿。而佛的慈悲又让亲鸾感到"诚惶诚恐"。

《正像末和赞》之《愚秃悲叹述怀》第四首云："无惭无愧在此身，虽然无诚心，只因弥陀回向名，功德满十方。"南无阿弥陀佛之名号、御名就是阿弥陀佛本愿力所发挥的作用。本愿力的光芒洒满世界各个角落，倾泻在罪恶多端却忘记羞耻、缺乏真诚清澈之心的亲鸾身上。他由此渐渐痛悟，原来自己本就是缺乏真实的。但也正因如此，他才能感受到"诚惶诚恐"，他才能把这些吟咏出来。

虽然自己背负罪业，不得不彻底忏悔，但自己身上也因此充满了光，被光的力量所包围。亲鸾体验到了这种转换。彻底觉悟到恶的同时也打开了拯救的大门。可以说在这个意义上，所谓拯救就是一个悖论。正因为不值得拯救，正因为没有力量把拯救掌握在自己手中，所以才伸出了拯救的手。

实际上亲鸾已经确立了不可动摇的信心，确立了作为信仰者不可动摇的生。亲鸾在《叹异抄》（六）中将这种信仰表述为“如来所赐之信心”。这不是依靠自己的力量所获得的信心，而是被赐予的信心，是因倾泻下来的光的照耀而建立起来的信心。也许可以说，它就是映在人类心中的佛心，是深入人类心中的佛心（长谷正当《欲望的哲学——对净土教世界的思考》之《亲鸾的信》）。

淤泥华之喻

为了解释这个悖论，亲鸾巧妙地使用比喻——淤泥华之喻。所谓淤泥华，就是在淤泥中盛开的花，即莲花。这个比喻原本出现在《维摩经》中。在《佛道品》中，亲鸾强调说，不是看到无为，即看到不变的绝对存在并且定能成佛的人，相反，正是住在有为即因缘相结而偶然产生的虚假存在的世界——换言之，住在烦恼世界的人，才能唤起菩提心，唤起欲得完全开悟之智慧的心。然后他又拿出一个比喻：“譬如高原陆地不生莲华，卑湿淤泥乃生此华。”就是说，佛法只在名为烦恼的污泥中发芽、开花。

中国净土教开祖昙鸾在其著作《净土论注》中谈及这个比喻，

亲鸾在《教行信证・证卷》中直接将其引用过来："《经》(《维摩经》)曰：'高原陆地不生莲华，卑湿淤泥乃生此华。'此喻凡夫在烦恼泥中，为菩萨开导，能生佛正觉华。"

就是说，只有在因烦恼而屡犯罪恶、迷行惑信的众生当中，正觉，即正确开悟之花才会开放。他意识到，拯救之光只照在直面凝视心中之恶，自觉并忏悔自己的不真实的人身上，并以光芒包围着他。而淤泥华之喻，正是巧妙地表达了这一悖论。

欢喜与忏悔

但是，这并不是说亲鸾自己的深重罪孽就不存在了。虽然清新的花儿已经开放，但仍是在污泥之中。可以说污泥就是其存在的条件。亲鸾心中仍有无底的深渊。虽然他有时也说"信心欢喜"，但这欢喜仍旧和一直残留在根底的恶的自觉在一起，和忏悔在一起。

如果假定有叫作欢喜的纯粹东西，那么这只是看到了事态的一个方面。忏悔和欢喜在一起，欢喜和忏悔在一起。两者难以切割地结合在一起。

亲鸾除了著有《净土和赞》等所谓的《三帖和赞》，还有一篇《帖外和赞》。其中一篇和赞说："超世悲愿听闻后，我等生死凡夫，有漏秽身虽不变，心住净土游。"意思是，阿弥陀佛出于慈悲心，超越世间之常而发愿，听闻此愿，我们便不再是迷失于生死轮回的世界之人。此身有漏，即因烦恼而污秽之事虽未改变，但心却留在、悠游在净土之意。心虽留在、悠游在净土，但身仍被烦恼所污。而心留在、悠游在净土的这种欢喜，正是产生在被烦恼所惑、因烦恼所狂的人身上，这种欢喜并非与人的本质存在方式相割裂。

亲鸾还在《教行信证·行卷》末尾所附的《正信念佛偈》中赞颂昙鸾之德的部分写道："惑染凡夫信心发，证知生死即涅槃。"就是说，迷失于真实、为烦恼所污的愚人如果生出信心，相信阿弥陀佛本愿，那么他便可以开悟，达到虽处生死，即身处迷乱世界，仍可涅槃，即消灭烦恼与执着的状态。

拯救不是单纯超越这个污浊的世界。既是污浊之身，又要脱离污浊，当二者合为一体时，拯救便就此达成了。由此可知，亲鸾深刻地理解了这一点。生死与涅槃、有漏与无漏（没有烦恼的污染）、欢喜与忏悔即是一体。有忏悔才有欢喜，欢喜被忏悔验证，欢喜一次次被归于忏悔，而后方知欢喜是欢喜——恐怕没人比亲鸾更加深刻地懂得这些道理。

这些理解与道元在《正法眼藏·生死》中的"生死之中有佛，无生死""唯知生死即涅槃，不可以为生死而厌，不可以为涅槃而愿。此时方有离生死之分"的理解也是相通的。涅槃、拯救并非独立于生死之外可以抽象求得的，它们恰恰是在生死的世界中才能求得的东西。在这一点上，我们可以看到亲鸾、道元所代表的镰仓佛教精神的一大特征。

第三章　鸭长明和吉田兼好的“无常”

——两个遁世者

一、遁世的多种形态

名为无常感的通奏低音

鸭长明（1155？—1216）为日本文学史留下了最优秀的作品之一《方丈记》，他与亲鸾、道元也几乎是同时代的人。在亲鸾和道元著作中所能感受到的那种氛围也可见于《方丈记》中。如第二章所述，无论亲鸾还是道元，他们都强烈意识到了此世的无常，这在鸭长明身上也是相同的。而且，将这无常感最优美地表现出来的，可以说也是鸭长明。

众所周知，《方丈记》这样开篇："逝去长河流水不绝，而且已不是原来的水。浮在淤滞处的水泡时而消失，时而冒出，没有久留的。……朝死夕生之习，只似水泡。不知生死之人来自何方？去向何方？"

正如"从哪里来，向何处去"的问题总是在古今东西被以类似的表达方式屡屡提及一般，这是人类自审视自身存在以来便不停追问的问题。《方丈记》在这个问题上直截了当地回答“不知”，独特、深刻的无常感便就此弥漫开来。

对于自身生命的短暂以及世事无常的痛切感受并非鸭长明一人独有。大伴旅人[55]赴任大宰府[56]时，饱含对亡妻大伴郎女的思念而吟咏的歌“知晓世间空，此时愈伤悲”，以及芭蕉的“推背摩腹颦眉[57]之中，不觉初秋过半；一生终了亦同此如梦，又为幻住”[58]（《芭蕉文考》）中，都充溢着对无常的强烈感受。亦如第一章所指出的那样，这就是日本文学、艺术以及思想当中回荡的通奏低音。

无常与空

前文提到，“从哪里来，向何处去”的问题是人类自审视自身存在以来便不停追问的问题。然而，死在佛教世界观中也是一个中心问题。

被看作最古老的佛典之一的《法句经》（Dhammapada，意思是“真理的语言”，汉译名《法句经》）反复谈到了“死”，如“知此身如泡沫，短暂似蜉蝣”“如同死亡掳走专心摘花之人，洪水吞噬夜深人静的村庄”。

而且在《法句经》中，“无常性”还被比喻成了“火”。“有什么好笑？有什么欢喜？——世间明明一直在燃烧。”“一直在燃烧”表达了一种“无常性”或“死”，而直视这种“无常性”或“死”时所给出的答案，即回答如何摆脱“老死”这一问题的答案，就是佛教初期所谓的“缘起”和“空”的思想。

在日本，“空”的思想尤其被与“易逝”“空虚”等感情、情意相结合，为人们所知。因此，“空”不仅出现在宗教中，它还屡屡成为文学母题。“易逝”“空虚”被许多诗歌吟咏，成为佛教深刻渗透在人们心中的一大要因。第一章所介绍的西行的歌“随风袅袅富士烟，消散长空，不知所踪，似我思绪哉”，就是一例典型。

遁世之路

如前一章所述，平安末期到镰仓时代的人们意识到无常，意识到末世，即意识到佛之教诲没有被正确接受，有些人还在充满污秽的五浊恶世享受着生，于是他们便拼命探求拯救的可能性。亲鸾、道元不仅自己追求拯救的可能性，而且还向众人指明了方向。

亲鸾和道元的信仰典型地体现了镰仓时代的宗教精神，但也有人选择了不同的生活方式。他们想断绝与俗世的关系，独自在封闭的生活中获取心灵的安宁。

鸭长明可以算是其中的代表。《方丈记》说：“唯临时小庵，悠闲无虞。……一旦知身知世，则不愿不走。唯以恬静为望，以无忧为乐。”人为了得到超过其所需的东西、追求世俗的名利而奔走，因此他们才抱有这种烦恼和心事。如果他们能舍弃这种生活方式，在远离村落的地方隐居，度过恬静无忧的人生，他们就会从这些痛苦中解脱。于是这里有个设问：度过这样的人生，不是人生最大的喜悦吗？

吉田兼好［本名卜部兼好，生卒年不详，一般认为大约生于弘安六年（1283），卒于文和元年（1352）以后］年龄比鸭长明小很多，但他仍是生活在镰仓时代末期到南北朝时代[59]那个动荡年代的人。吉田在30岁前后还比较年轻时就遁世出家了，其原因不详。《徒然草》第58段云：“生而为人之印记，最想做之事乃是想方设法遁世。一味尽力贪婪，不肯心向菩提，或与万千畜类无所不同。”由此可知，吉田兼好认为，人生在世就是求名求利，就是贪婪。要想从中摆脱出来，就必须唤起遁世得悟之心。可以说，这就是吉田兼好所坚信的。因何事而出家呢？直接原因虽然不明，但这种认识无疑是他出家背后的原因。

遁世的形态

所谓遁世，本是指逃离俗世、进入佛门，与“出家”一词同义。但是，当佛教刚刚被引入日本时，一方面需要担负镇护国家的任务，另一方面还要巩固自身的经济基础，因此初期的日本佛教一直与国家和贵族社会紧密结合在一起。只有得到世间的支持，才会有出世，即超越俗世的佛法世界。因此，俗世的秩序也被带进了教团。到了平安时代末期，随着末法思想的渗透，人们的出离意识越发强烈，甚至有僧人因厌恶世俗化的佛教而离开寺院，结庐山中，专心修行佛道。这便是遁世的一种形态。

例如鸭长明晚年编纂的故事集《发心集》中就有这样的故事。比睿山高僧平等供奉曾受无常思想的强烈触动，暗念："当此易逝之世，徒受名利羁绊。如何惜此可恶之身虚度光阴耶？"（第一之三）于是，他便下了山，到伊豫国[60]隐居了下来。

另外，也有人虽有官职，却舍弃地位出家，过着远离俗世的生活。其中当然也有一心向佛的人，但有的人与其说是修行佛道，不如说是心仪和歌管弦，远离对名利的执着，从而享受自由境界。因访陆奥[61]歌枕[62]四处漂泊而闻名的能因法师[63]就是其中的先驱者。第一章讨论的西行，以及与西行有亲密来往的大原三寂，即隐居在洛北[64]大原之地的寂念、寂超、寂然三兄弟都是追求风雅的人。

鸭长明也是其中之一。编纂于镰仓中期的故事集《十训抄》[65]中也提到了他，"因和歌、管弦之道而为人所知"。"念佛间隙，思丝竹（琴、琵琶、笙、笛等）之慰而不舍，雅好之情，尽得风流。"（第九之七）也就是说，在念佛称名的间隙，随兴演奏琴、笙而不辍，尽享风流之道，这是优雅的事情。

目崎德卫[66]在《雅好与无常》中将这些人与专心佛道的遁世者区别开来，称他们是“雅好的遁世者”。也许他们不是原本意义上的遁世之人，但可以说，时代的文化正是由西行、鸭长明这样的人物所牵引出来的。

雅好

雅好[67]（suki）一词原本为好色之意，但不久便变成了沉溺于风流文雅之道的意思。鸭长明在《方丈记》中亲笔描述了晚年在伏见日野山搭建的草庵内部的情景：“西南构竹吊架，置黑皮笼（贴鞣皮的竹笼）三盒，装和歌、管弦、《往生要集》等抄本。旁立琴、琵琶各一张，所谓折琴、组合琵琶即此也。”由此可知，鸭长明虽过着简朴的生活，但“雅好”之思却贯穿其中。

关于“雅好”，鸭长明在《发心集》中言道：“所云雅好者，不好人交，不愁身沉（落魄），哀花开花落，思月有月无之时，若以常澄心、不染世浊为事，则自显生灭之理，可尽执名利之余。是可侍于出离解脱之门也。”（第六之九）对于鸭长明来说，“雅好”就是不会因任何人而烦恼，独自一人委身于变化的自然来澄澈自己的心灵。

前一章介绍过莲阿在《西行上人谈抄》中引用了西行的话“和歌常心澄，故无恶念，思后世亦进其心”。而鸭长明也是如此，他说，游走于风雅之道，便能澄澈内心，脱离世俗污浊，自然而然地理解《涅槃经》中所说的“诸行无常，是生灭法”之理，理解一切事物有生有灭，有生有死之理。这样一来，心中残存的名利束缚便都全然不在了。

二、鸭长明最后的境界

中心与边缘

脱离俗世，意味着离开中心，置身边缘，离开支配体制的秩序，置身于其所不及的场所。从世俗的价值体系来看，这种做法无疑是被秩序所淘汰、被剔除出中心的。但对走向边缘、置身其中的人来说，这却意味着获得新生。世俗社会的价值体系是通过束缚、规范人的行为，将人置于秩序之中而确立的。而人则通过转移至边缘的方式，从这种规范中逃离出来，以此获得以前不曾有过的自由。置身边缘，不是单纯的消极的逃避，只是试图脱离从前非本来的生活方式，回归到本来的生活方式的行为。

鸭长明肯定是这样想的：人本来的生活方式应该是有悠闲无忧的时间，不应该被世事所烦扰。遁世是可以自觉选择的。比如

《方丈记》说：“今寂寞之居，一间草庵，自是爱之。虽云亲往都城，以身为乞丐之事[68]为耻，然归此庵时，却哀他人心驰俗尘之事。”由此可知，鸭长明虽耻于以乞丐之身现于人前，但他却不为世俗之事烦扰奔走，而是在空空如也的小草庵中安宁度日，并深深满足于此。由此可以看出，鸭长明脱离“世浊”后，其生活充满了深切的充实感。

鸭长明的反问

通过这段话，我们能够想象到鸭长明自身所明确的那种生活方式，以及自足于此的生命。但通读《方丈记》至末尾时，我们又感到很大的困惑，因为鸭长明用与前面大异其趣的文章为《方丈记》画上了句号。

浸透在鸭长明隐遁生活中的思想本是体现在“唯临时小庵，悠闲无虞”一句中的，但在此处鸭长明却说“佛之教旨，遇事莫执心也。今爱草庵亦为咎；执于闲寂亦可为障”。接着，他又写道：“遁世而混迹山林，是欲修心行道也。然汝姿为圣人，心染污浊。虽云栖[69]即污净名居士之迹，而所持者，仅不及周利槃特之行。”

净名居士是指出现在《维摩经》中的释迦的在家弟子维摩诘（一说实有其人，一说是虚构人物）。鸭长明虽模仿维摩居士住方丈庵，过起了隐遁生活，但他心中依然翻腾着世俗世界的欲望和烦恼。结果住在草庵所得到的，甚至还不及释迦弟子中最愚钝的周利槃特。鸭长明就这样直率地吐露出了自己的想法，并就此为《方丈记》收尾。

这篇让人感到困惑的文章引起了这样的疑问：鸭长明对自己的生活方式感到充实吗？遁世对于鸭长明来说，真的带来了心灵的安宁吗？也许，出家仅仅是为了粉饰自己的外表而已。

对于鸭长明来说，诗歌管弦本应是其脱离一切执念、度过闲寂人生的手段。他说："若有余兴，屡屡伴松声弄《秋风乐》（雅乐之一，舞乐，用琴演奏），随水音操《流泉》曲（琵琶秘曲《石上流泉》）。艺虽拙，而非在悦人耳。独自调，一人咏，唯自养情耳。"但实际上，诗歌管弦并未使其内心丰盈。

鸭长明在篇末说："其时，心中更无答对。"自己在草庵生活中得到了什么？这个问题反复出现，但最终却无言以对。

《一言芳谈》中的遁世批判

为什么鸭长明回答不了这个问题？我想以《一言芳谈》这本假名法语（用假名书写，主要为民众记录佛教教谕的著作）为切入点来思考这个问题。这部法语是谁编纂的，现已不详。该书汇集了法然、明遍[70]等平安末期到镰仓初期的念佛使者的言论，一般认为该书成于镰仓末期。

书中引用了法然、明遍的弟子敬佛房——镰仓时代僧人无住一圆[71]编纂的佛教故事集《沙石集》[第十（本）]“常州[72]有名真壁敬佛房者，明遍僧都[73]弟子，闻是道心者，高野圣[74]”之句中出现的人物——的话：“后世之事，唯在静思。……身静心澄，事虽微小，却为远离名利之后事也。然唯以啸幽玄之楼执着心澄故，独住之人多成僻事也。”大多遁世者虽然都在谈“身静心澄”之事，但在思考后世之事时，这却不是什么大事。即便谈论，这也是超脱名利心以后的事。尽管如此，许多人觉得通过一人独自住在庵中凝思旨趣、吟诗作歌就能把它实现，于是执心于“心澄”。在此，敬佛房对这种错误态度进行了强烈的批判。

这一批判直接击中当时流行隐居所带来的问题。欲脱离执着，就要过“心澄”的生活，然而这却变成对这种行为本身的执着。这一批判不是直接指向鸭长明的，但是在这个意义层面上，鸭长明不是也有执着于名利的地方吗？

正如前文已引用过一部分的《方丈记》开篇所言“不知生死之人来自何方？去向何处？亦不知临时住宿，为谁烦心？缘何悦目？其主人与栖所，争先作无常，与朝颜之露无异”，鸭长明确实已觉悟到了自己朝颜凝霜般的人生和世间的无常，他已充分知晓了为世俗营生心生烦恼的愚蠢。但尽管如此，他依然再一次寻得了一个以草庵的简朴氛围为傲，以演奏琴、琵琶，度过悠闲之夜为傲的自己。自己是否已经走上了有违佛陀“遇事莫执心”之教导的道路？这些问题一股脑地涌上他的心头。长明没能给出答案，“心中更无答对”表明了这一点。

在下一节中，我们将从同样走在隐遁之路的吉田兼好的生活方式中，去探寻与鸭长明不同的另外一种遁世方式。

三、吉田兼好的无常观

遁世者的堕落

从平安末期到镰仓时代，“遁世”成为一种流行现象。但另一方面，它的流行也产生了许多堕落的形态。《沙石集》(第三)就对遁世进行了严厉的批判：“古之遁世之人，心染佛法，忘却世间万事。近代不忘世间名利，佛法荒废。既如是，唯有遁世之名，却无遁世之实。人在世间，则不为人知，亦无名利，亦无财物。一入遁世之门，名利俱有，却未必存道心。只为渡世而遁世之人年年多见也。因此，当世之遁世，可改遁世之遁字，书为贪世也。”

许多人不是为了修行佛道，而是为了得名得利才出家遁世。《沙石集》惊讶于此，愤怒之情便充分表现在了“贪世”二字上。吉田兼好也应该非常清楚有这样的批判。他在《徒然草》中对当时僧侣们的生活方式也进行了强烈批判。

“唯法师无人不羡慕。清少纳言[75]（在《枕草子》中）书：‘世人以为似木边角耳。’诚如斯言。势猛聒噪时，不显出色。如增贺圣[76]所言：‘为声名所苦，觉有违佛之教。一心弃世之人，却颇有可取之处’。”（第一段）意思是说，就连权势熏天、世人盛赞的高僧，也丝毫不显得伟大。正如隐居在大和多武峰的增贺上人所言，那些人被名声、名誉夺走了心，背离了佛的教诲。而那些完全弃世隐居的人倒是有好的一面。当然，法师们都被说得像木材的下脚料一样。

“一味尽力贪婪，不肯心向菩提，或与万千畜类无所不同。”这是前文所引用的。如果出了家还在求名求利，那么与畜类就没有什么不同了。只有避开它，坚定抱有欲得开悟之心，并为之努力，才是人应该追求的方向。可以说，吉田兼好正是因为意识到了世人对当时出家和遁世有所批判才说了这番话。

吉田兼好与“无常”

吉田兼好说上面的话时，其心底流淌的是对此世“无常”的强烈感受。《徒然草》第九十一段云：“物皆幻化，何事暂住？”随后他又在第一百五十五段说：“死期不待序。死不自前来，却已迫于后。人皆知有死，待之且不觉急迫时，已不觉而至。恰如潮退海滩远，却自石矶涨满潮。”谁都知道死是不可避免的，但人们却不认为死会突然成为现实。死会突然降临，即便不是以肉眼可见的形态出现在你的眼前，也着实会在你的背后朝你逼近。

循着这个道理，他在第七十四段说："养身待何事？所期唯老与死。其来之事速，不止于念念间。待是之间，有何欢愉？"意思是，斤斤计较地努力，结果得到的却是老和死，这都是不可回避的，不待片刻它们便迫近在了眼前。我们生在这样的无常之世，又能有什么快乐呢？

面对这突如其来的死亡，我们应该做些什么呢？又应该怎样生存呢？对于吉田兼好来说，这才是最大的问题。对此，他的回答是，莫要徒劳度过这一时刻。"不仅耗时为无益之事，言无益之事，思无益之事，而且消日亘月度一生，尤愚也。"（第一百零八段）他还说："为名利所使，无闲暇辛苦一生，愚也。"（第三十八段）被名声、名誉的妄念所鼓动，或为欲望所动而忙忙碌碌地度过辛苦的日子，这是最为愚蠢的。

无常观的变化

但是，从《徒然草》了解到的吉田兼好的无常思想，正如此前众多研究者所指出的那样，中途发生了很大变化。例如西尾实[77]指出，以第三十段为界，吉田兼好的无常观由悲叹世间无常的、感伤的“生活情感式的世界观”，转向了“开悟无常为实相，身处无常，却为寻找永恒的事物而生的生活创造式的世界观”（《日本文艺史的中世及其展开》）。

比如第七段说：“若有永住人间之习，如徒野[78]之露无消失之时，鸟部山[79]之烟升腾不散，则如何会有物之哀[80]（mononoaware）耶？世无定数，方显魅力。”正如徒野（和鸟部山一样，曾经都是有火葬场的地方）的露水会很快消失，鸟部山的烟会很快消散到空中那样，一切东西都不能永驻，因此才有见物生情之感。正因如此，人们才把此世作为感慨颇深的事物接受下来。其中就有慨叹无常，沉浸在咏叹之心的吉田兼好。

与此相对，第三十段以后则明确无误地提出了这样的理念，即无常才是此世的真实形态，不能仅仅慨叹无常，还要抓住真实。比如他说：“愚人亦悲此（临终），只因思欲常住，不知变化之理也。”（第七十四段）愚蠢之人悲伤死之将近，那是因为他以为人世常住不变，不知一切事物都在变化的道理。吉田兼好对生的所谓觉悟就表现在他的无常观中。“一切事物都在变化，因此人的生命也将永无止境，永远处在不停变动的状态”，吉田兼好认为，不应该愚蠢地对这个道理视而不见，应该直视这个道理，而后将自己的生自觉地构筑在这一道理之上。西尾实将这种变化表述为“从咏叹的无常观向自觉的无常观的深化”（《方丈记 徒然草》（《日本古典文学大系》第30卷《解说》））。

“放下诸缘”

那么，吉田兼好认为具体应该怎样生活呢？

关于这一点，上田三四二在《阅读〈徒然草〉》中指出，吉田兼好的出家隐遁是由“纵的时间上的爱惜寸阴和横的空间上的放下诸缘”这两大支柱所支撑的。

首先在“放下诸缘”方面，吉田兼好在《徒然草》第一百一十二段写道：“日暮途远，吾生既已蹉跎（磕磕绊绊，即将失去时机）。可放下诸缘之时也。”吉田兼好认为，在无常之世首先应该做的就是舍弃各种缘。

对突如其来的死亡视而不见，心被时而涌动的欲望所叨扰，这才是人生最愚蠢的事情，而产生这种愚蠢的原因则必须被斩断。他在第七十五段具体写道：“虽未知诚之道[81]，但离缘闲身，不理事而安心，方可谓之暂乐。《摩诃止观》亦云：‘息生活、人事、伎能、学问等诸缘[82]。’”

《摩诃止观》是天台宗三祖智顗（538—597，虽称三祖，实为开祖）的弟子将其教诲汇总而成的著作，其第四卷的上和下分别列举了佛教修行者首先应领会的五项事情。其一是“息诸缘务”，即停止各种缘务。书中列举缘务具体内容有生活、人事、技能、学问四种，经营生计、与人交往、磨炼技能、读书讨论则被认为是修行的障碍（《沙石集》中也能看到言及此类之处）。

由此便可以知道，在吉田兼好心里哪些是“无益之事”了。《摩诃止观》在技能中举出了彩画和书法等，吉田兼好所言的远离诸缘，大概把“雅好”也纳入了其中。吉田兼好与鸭长明不同，绝不是“雅好的遁世者”。可以说，吉田兼好已认识到，游于管弦之道也是执心的一种形态。不仅追求名利，还游于风雅、耗费时光，这也是非常愚蠢的行为。

四、“徒然孤寂”的生

闲居静处

作为修行者的心得，《摩诃止观》还举出了与“息诸缘务”并列的“闲居静处”。是隐身深山幽谷？还是在远离人烟的地方结庐？抑或是置身闲静寺院的一间房中闭门静坐？无论哪种，都是寻求断绝与世俗的交往。

同样，吉田兼好也有如下叙述：“言‘若有道心，不依所住，纵使在家，又与人交往，欲祈后世，有何难哉？’者，更不知后世之人也。此世实觉短暂，若必欲出离生死，又有何兴朝夕振作，伴君顾家耶？心乃为缘所引而变化之物，若不闲静，则道难行”（第五十八段）。意思是，有人说，住在哪里，是否与人交往，这些都与死后的往生无关，这样说的人完全不理解死后的往生。如果想真正脱离生死的世界，就必须不受俗世价值观的蛊惑，不为人言所动。为此就必须闲居在安静的地方。

吉田兼好嵌入“徒然[83]”一词的思想大概就与此有关。众所周知，《徒然草》以“终日徒然向砚，将心中浮来又去之无缘由事……”为开篇。其中的“徒然”表现了他单调、无所事事的样子。但他在第七十五段又说“徒然孤寂之人是何心境？不受纷扰，唯一人独处才好”，此处的“徒然孤寂”，恐怕就不是单单慨叹无聊的意思了吧。不如说，这“徒然孤寂”包含了挣脱束缚后的自由、就此实现的闲寂以及因此而心安的意思。在恬静的生活中，无论何事，心都不会被扰乱，无论到哪里，都享受着闲淡的心境。吉田兼好将这些含义全都塞进了“徒然孤寂”一词里。

活在当下（爱惜寸阴）

吉田兼好说，他把无常当作事实来接受，欲在此基础上自觉地构筑自己的生。那么具体来说，他是怎样度过一生的呢？

寻找他此生的线索就是《徒然草》第一百零八段的话：“无人惜寸阴，是已知之乎？愚乎？……是故道人不可远惜日月。唯今一念，可惜虚度。”有人为遥远的未来岁月白白消逝而心痛，而欲迈进佛道的人则必须挂念一件事，那就是切忌虚无地度过这一瞬间。可以说，必须正视“唯今一念”，这才是吉田兼好首先给出的答案吧。这当然不是一件容易的事，他说：“学道之人，夕思有朝，朝思有夕，期在彼时，再欲专修。……唯今一念，即刻为之，甚难。”（第九十二段）

不要将目光投向远方，把一切留给明天，要活在当下，活在此刻这一瞬间，这才是吉田兼好所认为的最重要的事。当然，这并非不关注“后世”，他清楚地意识到了“后世”。前面引用的第五十八段“此世实觉短暂，若必欲出离生死……”已经表明了这一点。第四段云：“心中不忘后世之事，不疏离佛道，甚是高雅。”就是说，思考后世之事，每天亲近佛之教诲，这样的活法才有高雅、深刻之感。

但吉田兼好也并非一味关注来世。他并没有只求后世，否定现世。不如说，他是想发现活在当下的意义，而这也正体现了吉田兼好对于生的态度。

《一言芳谈》与吉田兼好

前文在谈到《方丈记》时曾涉及《一言芳谈》。吉田兼好的生活方式与《一言芳谈》的世界观并不相同。当然，吉田兼好也对《一言芳谈》感兴趣，且两者之间也有许多共同点。吉田兼好在《徒然草》第九十八段直接言及此书：“尊圣所言之事记录于此，读名之曰《一言芳谈》之草子时，甚觉合心诸事如下。”随后，他又具体谈了深有同感的五个事项。

其中一项是：“所谓祈愿佛道，无特别事。以有暇之身，不挂心世事，此为第一之道也。”这正是吉田兼好所认为理想的事情。但是，正如上田三四二在《阅读〈徒然草〉》、目崎德卫在《雅好与无常》中所指出的那样，两者之间还是有着很大的差异。

贯穿《一言芳谈》的，始终是对出离的一味祈愿，而这与厌生情绪是相通的。

该书最常被引用的是敬佛房的话，其中有“觉万事唯今日也。出离之诠要，在于隐无常于心也”之句。意思是，敬佛房觉得无论何事都仅限于当日，时时将世间无常放在心头，这才是脱离生死往复的迷之世界的关键。《一言芳谈》也引用了僧人敬仙房的话：“一生唯厌生。”

这一思想与愿死之心是相通的。敬佛房说：“世间出世（世俗世界的人和离开世间的人），至极唯死一事也。若存死即死，则一切大事无矣。”他还说：“应常厌憎此身，喜好愿死之心也。”在这本书中，厌生而愿死之事就像这样被反复叙述着。

与之相反，我们在吉田兼好身上看到的并不是否定生，而是尽管短暂，或者说正因短暂，因此才能在这一短暂的瞬间，看到吉田兼好想要生的意志。

现世的“愉悦”

一想到无时无刻不在悄声靠近的死亡，便觉寻找生之意义的不易。前面引用的第七十四段“待是（老和死）之间，有何愉悦”之句便说明了这一点。这个问题是直接面向执着此世、为求名利而奔波的人所问的。但另一方面，这也可以说是吉田兼好对自己的发问。

吉田兼好并没有像《一言芳谈》中出现的念佛者那样憎恨此身，祈愿即刻就死。可以说，他是想切断与世俗世界的联系，闲居静处，享受那“徒然孤寂”，即只靠一人来实现的闲寂和悠闲的心境。

前文在谈及与鸭长明的关系时，曾引用敬佛房的话“独住之人多成僻事也”。从第九十八段的记述来看，吉田兼好也了解《一言芳谈》的记述。甚至该书还引用了明禅法印（明禅法印是镰仓前期僧人，被誉为天台之硕德，但在法然死后，他转为专修念佛）的话：“欲真实相助后世，遁世乃第一无缘由之事也。”思后世之事，却被遁世束缚在此世，这才是最无聊、最无意义的。这样的批判，吉田兼好无疑也是知道的。

可以想象，这句话深深刺到了吉田兼好的心上。如果说，先前引用的“虽未知诚之道，但离缘闲身，不理事而安心，方可谓之暂乐”之语是为了回应明禅批评所作的话，似乎也不为过。“自己不是被称为硕德的高僧，不过行至半路而已。但通过保持静身安心的状态，就能在无常之风吹来前好好享受一番。”读到明禅的话时，萦绕在吉田兼好心中的或许就是这样的想法吧。

鸭长明与吉田兼好的不同

在这一点上，吉田兼好对生的态度可以说与鸭长明大为不同。当然可以指出的一点是，二人的生活方式中有许多共同点。二者生活方式的根本，都是对无常的强烈感受。他们两人甚至都在彻底地追求着不为世事所扰的生活方式。

不同的是，鸭长明追求逃离无常之路，而吉田兼好却试图斩断执心。为此，鸭长明如前所见，不得不诘问自己：“遁世而混迹山林，是欲修心行道也。然汝姿为圣人，心染污浊。虽云栖即污净名居士之迹，而所持者，仅不及周利槃特之行。”然而，他对此却不能给予回答。

吉田兼好无疑已经意识到了自己的信念所面临的问题。《徒然草》第一百一十二段，吉田兼好引用“日暮途远，吾生既已蹉跎。可放下诸缘之时也”后，又继续写道：“不守信、不思礼义、不得此心之人，可谓癫狂，可认为无正气、无人情。虽毁之而不觉苦，虽誉之而不入耳。”（不守信义、不考虑礼仪、不解意图的人可谓乱心者，可认为是神志不清、无情无义之人。虽受谴责，却不觉痛苦。虽受赞誉，却置若罔闻。）

鸭长明的自问是，隐居草庵果真能“修心行道”吗？吉田兼好虽也有与此相似的自我发问，但他是可以解答的。吉田兼好与鸭长明不同，当世间批评他隐遁的生活时，他可以强大到对这些批评冷眼视之。这大概是由于他站在了“即刻放下万事而向道时，无障，无作为，心身永静”（第二百四十一段）的境界吧。

从“虽毁之而不觉苦，虽誉之而不入耳”一语背后，也许能读出吉田兼好的自省或摇摆，即反省自己是否真的能实现“心身永静”的境界。但是，他没有像鸭长明那样“心中更无答对”地沉默，而是强烈说出“虽毁之而不觉苦”。

这是因为吉田兼好洞悉了“变化之理”，清楚地意识到为了“无益之事”而虚度当下这一瞬的愚蠢。也可以说，这是因为他能够站在自觉之上来构筑悠闲的心境吧。

第四章　世阿弥的“花”

——能与禅的交汇

一、无常与“飞花落叶”

吉田兼好与道元

如前一章所示，吉田兼好的思想和生活方式中，有与我们在《一言芳谈》中所见的净土信仰密切相通的东西，同时也有与禅共通的东西。吉田兼好是否接触过道元的著作，从资料上来看虽难以直接得知，但他的话语与道元确有重叠之处。

吉田兼好认为，在死期不待序、物皆如幻变动的这个无常世界中，受名声、名誉的鼓动而度过繁忙的每一天是最“愚”的。道元也说，在这个无常之世，“徒过时光，极愚之事也”（《正法眼藏随闻记》）。吉田兼好说“唯今一念，可惜虚度”（《徒然草》第一百零八段），道元也说“学道之人，须惜寸阴”（《正法眼藏随闻记》）。

基于这样的自觉，吉田兼好不是等待后日，而是就在现在、此刻“应放下诸缘”。与此相同，道元也主张“急抛舍诸缘”（《正法眼藏·出家功德》），应将时光用在“有益之事”上（《正法眼藏随闻记》）。

如前一章所示，正因如此，吉田兼好关注的不是远方，而是现在、此地。《一言芳谈》中出现的念佛者厌恶此身，厌恶此生，然后祈愿迅速离开。吉田兼好则不是否定生，而是尽管短暂，或者说正因短暂，因此才燃起了活在这一瞬间的意志，才将这意志视为珍贵的东西。与此相同，对于道元来说，此生不是可恶的，活好这一天、这一时才是最为重要的。《正法眼藏随闻记》中有这样的话：“学道之人莫思待后日行道。唯不虚度今日今时，应勤日日时时。”道元认为，涅槃不是在生死之外，而是在生死的世界里。

世阿弥与“飞花落叶”之喻

简明地说，吉田兼好直视世之无常，以远离世俗世界，简化一切、追求静寂为目标，而这些特征也是禅所追求的。同时，这些特征与本章要讲的世阿弥元清（1362？—1443？）的能剧世界也是相通的。

世阿弥从其父观阿弥清次手中继承了大和猿乐[84]结崎座[85]，成为集能剧之大成的演员和剧作家。为了将其父的教导和自己体会到的奥义传给下一代，世阿弥留下了许多著作。这些习道之论形成了他优秀的艺术论。不止于此，这些习道之论还包含了对人之生死的深刻洞察。

世阿弥是否读过《徒然草》虽不能确定，但读其晚年所著《却来华》中"心知不为无用事，即能之得法[对真理（奥义）的体会]也"一句，或将谣曲[86]《柏崎》——次子元能记录世阿弥艺术谈的《申乐谈仪》中有"《鹈饲》《柏崎》等，榎并之左卫门五郎所作也。虽然，无论哪部，因除却恶所，纳入好事，故而皆应为世子（世阿弥）作成也"之句——中"细观世间幻相，于飞花落叶之风前悟有为之转变（如果仔细观察此世如梦幻般短暂的情景，就能悟得这样的道理：正如美丽盛开的鲜花被风吹散，绿叶很快着色，随风枯落，一切事物都在变化着）"这句台词，与《徒然草》中"无常变易之境，不存看作有之物……物皆幻化，何事暂住（此世是不停地变化的世界，看上去是存在的东西实际上并不存在……事物皆似幻，究竟什么能在一段时间内一成不变地停留下来）？"（第九十一段）的词句对照来看，这是很有可能的。

世阿弥很喜欢用出自《柏崎》的"飞花落叶"一词。由此可知，世阿弥心中流淌着与吉田兼好一样深刻的对于无常的思索。世阿弥在其所作以西行为主人公的《西行樱》以及取材于一谷之战[87]中把梅插在箭袋上战斗的梶原景李[88]的《箙》中也都使用了这个词。世阿弥在其66岁时的著作《拾玉得花》中如是说："抑花因开放而有趣，因散落才珍奇也。某人问云：'如何无常心？'答：'飞花落叶。'又问:'如何常住不灭?'答:'飞花落叶'云云。"

"万法归一"

在佛教中，独觉（只靠自己的力量开悟的人）是通过观察大自然中的事物，如春天里随风飘散的花儿、秋天里枯落的树叶，来悟得缘起的道理的。平安时代的平康赖[89]编纂了一部佛教故事集《宝物集》(约治承三年，1179年)，其中也能看到"观飞花落叶而觉生死无常"的表述。虽然不能确定前文《拾玉得花》引文中的"某人"是谁，但可以确定的是，当时这个词已经与无常之理相结合，并被广泛使用了。世阿弥言及"常住不灭"时，也将其视为"飞花落叶",这大概是因为世阿弥认为,他所说的"花"（关于它的意义将在后文叙述）不仅是一年四季的花，同时还是不变的真实之花。

世阿弥为演员讲解如何定位以表现"花"的时候，引用了"万法（一切存在）归一，一归何处？归万法"这句话(《拾玉得花》)。这原本是出现在禅的公案集《碧岩录》中的一句话。第四十五则《赵州万法归一》云："僧问赵州：'万法归一，一归何处？'州云：'我在青州作一领布衫（一件麻衣），重七斤。'"此处虽没有"归万法"的表述，但顺着这个问答，香西精[90]在《能谣新考》中指出，临济宗僧人东渐健易（1344—1423）对于"一归何处”这个问题的回答是“一又归万法”（参看《一华东渐和尚语录》）。

东渐健易在京都东福寺梦岩祖应处及镰仓寿福寺华峰僧一处修行，同时又学艺于五山文学[91]代表人物义堂周信处。后来，东渐健易做了东福寺、南禅寺的住持，得到室町幕府第四代将军足利义持的知遇。正如后文所述，世阿弥通过能剧与足利义满、足利义持父子建立了密切的关系，而他与东渐健易之间也很有可能有过接触。

二、室町文化与世阿弥的能

室町文化与禅

世阿弥理解能剧的基础是对无常的思考。他对能剧的理解、对生死的理解与吉田兼好的理解、与禅的思想之间都有着密切相通的东西。这与世阿弥所活跃的名为“室町”的时代文化的某些特征密切相关。

室町时代常被人用北山文化[92]、东山文化[93]等词来表现其特征。那是一个在文化方面取得巨大发展的时代，与明朝的贸易、禅僧的频繁往来使得大陆文化被介绍进来。受此影响，汉诗文、水墨画、建筑、庭园、茶道等多个领域的新文化得以确立。同时，随着工商业的发展，普通市民也成为文化的担当者，这也是室町文化的一大特征。猿乐、狂言、连歌[94]等也在普通市民中普及扎根。

处在室町文化中心的是京都五山和镰仓五山的禅僧。自足利义满起，将军世代皈依，保护禅宗，所谓的五山文化也因此大放异彩，各种典籍讲义得以举办，数量众多的诗文被创作了出来。被称作五山文学双壁的义堂周信和绝海中津分别著述的诗文集《空华集》和《蕉坚藁》是五山文学最优秀的成果。许多禅宗书籍以名为五山版的木版印刷为媒介出版问世，同时佛教以外的与儒教有关的书籍、史书以及杜甫的诗集也都在此时出版，为文化的传播做出了巨大贡献。世阿弥可能接触到的《梦中问答集》——记录足利尊氏[95]的弟弟足利直义[96]与接受其皈依的临济宗僧人梦窗疏石问答的书——作为五山版之一，也于康永元年（1342）出版。

世阿弥的生平

在此，让我们简单回顾一下世阿弥的生平。世阿弥作为能剧演员活跃的初期，正是足利义满当将军的时期。足利义满对其父观阿弥的能剧评价很高，同时也深爱世阿弥的才能。在足利义满的庇护下，世阿弥磨练技艺——按照《风姿花传》第一《多年习艺诸条》的说法——30 多岁时已经达到了“为天下所许，得名望”的地位。《风姿花传》就是在这样的背景下写成的。正如后来著成的《花镜》后记所说的“《风姿花传》，自《年来稽古》(第一〈年来稽古条条〉) 迄至《别纸》(第七〈别纸口传〉)，将此道显知于花之秘传也。是廿余年间悉书亡父艺术种种之习得也”，该书是世阿弥为了将从观阿弥的艺术和教导中学到的东西以及失怙后通过自我修炼领悟的能剧奥义一代一人地传承下去而作的书籍。

世阿弥最大的庇护者足利义满于应永十五年（1408）去世。去世之前，他于应永元年（1394）将将军之位让给了足利义持。足利义持担任将军时期，世阿弥对能的理解进一步加深。《至花道》《花镜》《游乐习道风见》等传书说明了这一点。《花镜》后记接前文写道：“世（世阿弥）自四十有余直至老后，私（私下，悄然）将时时所浮之习艺之得（关于艺术所能悟得的东西）……连续为书，所留艺迹也。”在这里，世阿弥将自己掌握的、深有体会的艺术境界记录了下来。

但是，世阿弥并非一路顺遂地达到成熟的境界。足利义满死后的十年间，世阿弥并未整理传书。直到 1420 年、1421 年，《至花道》《花镜》等书才终于成形。可以想象，在这段时间里，世阿弥曾围绕着能剧应该具有怎样的形态而反复思考、多方探索。世阿弥这样做的背后原因，是足利义满与足利义持对于能的看法有较大差异（后文详细叙述）。怎样才能创作出适应时代要求的能剧呢？为此，世阿弥苦苦思索，殚精竭虑。正是因为这份努力，世阿弥才终于屹立在《花镜》等书所描述的艺术境界之中。

在足利义持将要辞任将军时，60 岁左右的世阿弥遁入空门，法号至翁、善芳。世阿弥在曹洞宗补岩寺第二世竹窗智严的亲自教导下学习禅宗。补岩寺位于奈良县田原本，距离结崎座的发祥地很近，一般认为世阿弥可能是在这里出家的（参看香西精《世阿弥新考》）。

正长元年（1428）世阿弥 66 岁时，足利义持去世。足利义持把将军之位让于足利义量，但足利义量没过多久便早早离世。此后，第六代将军足利义教大力提携世阿弥的外甥音阿弥，而对世阿弥及其长子元雅极为冷淡。在这一艰难时期，世阿弥将他的艺术境界记录在了《拾玉得花》《却来华》等著作中。然而，世阿弥的困顿不止于此。永享四年（1432），元雅暴亡。世阿弥在哀悼他的文章《梦迹一纸》中写道："道之破灭时节到来，却留下无由（不值得留下的）老命。"世阿弥 72 岁时——原因不能确定——甚至还被足利义教流放到佐渡。但是，被流放的世阿弥并没有失去对艺术的追求，他将在佐渡的所思所想汇集成一本小曲集《金岛书》。其中一首咏道："实无罪，仰看配所（流放地）月，虽为古人所望，我身亦有心，我身亦有心。"在《徒然草》第五段中，吉田兼好曾引用权中纳言源显基的"配所之月，无罪而见"，此句应是出自世阿弥。至于世阿弥是怎样度过弥留之际的，并不可知。

为禅而倾倒的足利义持

我们已多次提到，世阿弥与禅的思想有着密切的关系，特别是在中期以后的传书中，世阿弥反复引用禅宗使用的语言，并以此为线索谈论艺的真髓。当时足利义持继承了足利义满的将军职位，他比足利义满更倾心于大陆文化，特别是对禅有着深刻的理解。足利义持不仅与多位禅僧保持着交流，同时还皈依了佛门，仿照中国、日本的禅僧素以黄衣披身。此外，足利义持一方面积极支持五山的诗文僧和画僧的活动，与他们一同举办名为“友社”的诗文集会，另一方面也亲自画水墨画。足利义持就这样投身在五山文学活动的中心。

足利义持皈依和交往的，主要是绝海中津、天龙寺的空谷明应、东福寺的岐阳方秀等与幕府有密切关系的五山僧侣。但不止于此，他与林下僧侣也有着积极的交往。当时，五山派在幕府保护下大为兴盛，他们作为五山文学的担当者在文化领域做出了巨大贡献。与此相反，有的僧人不接近权贵，不沉潜在诗文的世界，而是全身心地致力于辩道（佛道修行）。他们试图在简朴的生活中追求禅本来的形态。他们将布教的力度集中在了地方，而非中央。前者被称为丛林，后者则被称为林下。在曹洞宗、临济宗中，大应派（大德寺派、妙心寺派）寺院即属后者。

足利义持在与这些僧人的交往中，深深倾倒于禅的教诲，同时他还大力吸收在禅的影响下成熟起来的室町文化成果，以此来磨砺对美的感受，而这也使得足利义持最终能在艺术方面培养出严厉的批判式目光。

世阿弥的苦斗

足利义满和足利义持虽然都喜欢能剧，但两人对能剧的看法却大不相同。世阿弥《至花道》中的一句话充分说明了这一点："其时（足利义满时代）贵人、上方[97]大人之批判，只赞赏是，不赞谈（批判）非也。当世，目光愈益老道，至赞谈少许之非时，非磨玉摘花之幽曲，不当合上方之御意也。"

"目光愈益老道"一句充分说明，足利义持等喜欢能剧的上层人士的鉴赏眼光，要比足利义满时代敏锐犀利得多。若非洗练幽玄之艺，就无法符合那些人的心意。基于这样的批评眼光，足利义持更中意于大和田乐[98]新座[99]增阿弥的艺术。当然，足利义持并非完全排斥世阿弥、元雅的猿乐，虽也偶尔观看他们的能剧，但他还是更喜欢增阿弥田乐的质朴之艺。也许增阿弥的田乐中，有与禅的以朴素为主旨的精神相通的东西吧。这也是我们从世阿弥自己在《申乐谈仪》中对增阿弥之艺的评价中知道的，他说，增阿弥的能具有"冷上加冷"，即寂而深的意味。

世阿弥在《至花道》中继续写道："当道愈成末风故，吾仅概言艺心所及，如此习道设若荒疏，则道亦当绝矣！"由此可知，世阿弥对表演艺术抱有极大危机感。为了深刻理解禅，得到对表演艺术有着犀利鉴赏眼光的足利义持的好评，世阿弥必须煞费苦心。足利义满死后的十年岁月里，为了回应新的当权者的批评，世阿弥把大量心血用在了创作适应时代要求的能剧上。

世阿弥与禅

可以说，支撑世阿弥不辞辛苦进行钻研的，仍是成熟的室町文化。世阿弥学识渊博，他所言及、引用的文献除能剧的主要题材——王朝文学[100]、《平家物语》[101]外，还涉及经书、史书、佛典、汉诗文、和歌、诗论、歌论等内容。据说他自己也常作连歌，而这一点也孕育出了世阿弥作品中的深度。

特别引人注目的是，世阿弥还曾言及禅的著作，引用了禅语。他对禅的理解深刻到了令人惊讶的地步，更重要的是，禅的思考方式已经深深嵌入了世阿弥的艺术论中。由于世阿弥接受了禅的锻造，因此他能准确把握能剧演出的奥义，懂得如何以巧妙的语言进行表达。

比如，世阿弥曾受《维摩经》所阐述的“不二”思想的重大影响。“不二”思想，即看上去相反的两个事物，其实并无彼此之别，二者也并非对立（正如《碧岩录》第84则《维摩不二》所示，《维摩经》在禅宗中也是非常受重视的初期大乘佛典之一）。而世阿弥接触此经的机缘，大概就来自足利义持所信任的东福寺岐阳方秀。五山禅僧不仅精通禅宗典籍，还精通程朱学，热衷于四书的讲说。岐阳方秀诗文学艺俱佳，还为朱熹《四书集注》加以训点[102]，构筑训读基础，因在日本儒学史上发挥重大作用而闻名。同时，他还倾倒于《维摩经》，以不二思想为基础解说佛法，他自己便被称为“不二道人”。

足利义持和世阿弥都受到了他的影响（世阿弥出入岐阳处之事可见于相国寺住持桃源瑞仙留下的《史记抄》）。《风姿花传》第七《外篇口传》写道：“《经》云：‘善恶不二，邪正一如。’本来所谓善恶，当以何定？唯因时以足用之物为善物，不足用为恶物。……当以时用而知花。”《经》，可以认为指《维摩经》，其《入不二法门品第九》云：“善不善为二。若不起善不善，入无相际（远离差别之相的终极境地）而通达者，是为入不二法门。”（“善恶不二，邪正一如”的表述可在相传出于最澄[103]之手的《修善寺决》中看到。）

谣曲《山姥》中也有这样的话：“善恶不二，何以怨？何以喜？”“见邪正一如时，色即是空。既有佛法，也有世法；既有烦恼，也有菩提；既有佛，也有众生；既有众生，亦有山姥。柳绿花红，争奇斗艳。”若仿《维摩经》的《入不二法门品第九》——与前文言及的道元对生死的理解相通——则是：“生死、涅槃为二。若见生死性（本性），则无生死。”将迷之世界的流转与觉悟对立起来，把它们视为水火不相容的事物，这在佛教看来就是一种困境。超越区别，超越将万物一一区分开来的机制，这样的境地才是佛教本来追寻之物的所在之地，《维摩经》用“不二”一词阐述了此义。《山姥》的台词充分说明，世阿弥受到了《维摩经》生死观非常大的影响，更重要的是，世阿弥还将其中的思考方式为我所用，并据此将艺之真谛付诸语言。

“离见之见”

比如世阿弥说“离见之见”。正如表章[104]在《世阿弥禅竹》（《日本思想大系》第24卷）补注中说，世阿弥在多种意义上使用这个词，难以做统一解释，大而言之，有的是从演员的角度说的，有的是从观众的角度说的。

在《花镜》中，世阿弥将自己眼睛所看到的东西叫作“我见”，把观众眼中看到的演员形象叫作“离见”。与观众一方的看法合而为一的演员自身的看法，即“见所（观众）同心之见”，就是“离见之见”。这时演员就能“见得”，就是看透自己真正的形象。

但是在《至花道》中，世阿弥在阐述能剧的演艺形态时使用了“离见之见”一词。他把能剧的演艺形态区分为皮、肉、骨。天生优秀的资质自然而然地表现在演艺中的是骨；靠舞、谣等平时练功所掌握的出色演艺所表现出来的是肉；将以上这些更加娴熟、完美地表现出来的形象就是皮。但是，仅靠这三种还不够充分。当皮、肉、骨被发挥到极致时，从观众的角度来看，其演技在当下给人以有趣而绝妙之感的同时，过后回味起来仍是妙味无穷，让人深觉幽玄。这个时候，演员的演技才能说是完美的。这时，令观众刻骨铭心的演技就叫作“离见之见”。

无论怎样，只有与“我见”对比，“离见”才得以成立，而前提则是对佛教中“我见”和“离见”的理解。在佛教中，要想达到开悟，就必须从“五见”，即五种错误的见解中脱离出来，获得自由。其中之一就是“我见”，执着于自我。从这种执着中解脱出来就是“离见”。道元在《正法眼藏随闻记》中说：“示曰，学人第一用心，当先离我见。离我见者，不可执此身。……若着此身不离，万劫千生[105]亦不可得佛祖之道。”

以这样的理解为基础，世阿弥在《花镜》中提出了一个悖论，即只有将原本处于我见对立面的离见当作自己的东西时，才能看穿自己的真实形象。他把这个悖论用“离见之见”一词表述了出来。在《至花道》中他又提出了一个悖论，即只有观众在现场感受到震撼，以及反刍这种震撼时留下的深刻印象，也就是说，只有观众一方的感动，才能证明演出方的完美。关于这个悖论，他也使用了“离见之见”这个词。

世阿弥之所以能运用巧妙的论述，来表述这种靠单纯的表达难以言尽的艺之奥义，就是因为他能运用“善恶不二”和“烦恼即菩提”等理论所明确揭示的禅宗悖论式思考方式来锻造自己的思维，并能以此准确把握充满矛盾的演艺经历及其深化的状态。

三、“花”与“幽玄”

什么是“花”

世阿弥艺术论的一大特点是，他用明确的语言表达了能剧所要表现的东西，或他通过能剧这种表演手段想要表现的东西。这在思考“什么是美”的问题时有了一个重要的切入点，又为我们在思考“什么是日本文化传统中被不间断地继承下来的东西”这个问题时提供了一个重要的视角。

具体而言，世阿弥通过能剧，将自己所要表现的东西首先用“花”这个词表现了出来。他在《风姿花传》第七《外篇口传》中说：“抑云花者，万木千草中四季时时开放之物也，得其时而奇珍，故把玩也。申乐亦人心所知奇珍，即趣之心也。花与趣、珍，是三者，同心[106]也。”又说：“何处之花可不散而留？因散故，每有开时，珍也。能亦无所住[107]而可先知花。不住而移至余之风体（艺、演技），珍也。”

正因为花儿应时开放又凋谢，所以才新鲜、惹人心醉。能剧也正因为有新鲜感，所以才能给观众留下深刻的印象。世阿弥将这种效果表现为“花”。这意味着把评判能剧好坏的标准置于观众一侧。观众在演员令人意想不到的演技、创意中感受到趣味时，演员就取得了成功。

顺带说一句，花儿因凋谢而给人以全新的感觉，被人喜爱，这样的说法与吉田兼好的“世无定数，方显魅力”（《徒然草》第七段）有所呼应。另外，“无所住而可先知花”的表述源自《金刚般若经》的“应无所住，而生其心”，不执着于任何事物，不停留在任何地方，生起立于自由境界之心。据《六祖坛经》记载，师弘忍说《金刚般若经》时，六祖慧能至此处，言下大悟。这是禅宗特别看重的语句。

当然，“花”不只依赖于观者的接受方式，它也与演员一方的创意与匠心相契合。也就是说，也有“主角（演员）之花”的存在。第七《外篇口传》说，要想被人称作优秀的演技者，就必须采用“催人心生意外感之手段”。从这一观点来看，只有“秘则为花，不秘则不可为花”，即只有“不外露”才能产生最大的效果。

“幽玄”的传统

在《风姿花传》中，世阿弥试图以“花”的概念为中心，来阐明能剧所要表现的东西。如篇首“言词不卑[108]而姿幽玄者，可谓异禀（具有优秀才能的）达人哉”一句所示，世阿弥在此时已经使用了“幽玄”的表述。但是在《花镜》等中期的传书中，比起“花”，世阿弥更加着力于“幽玄”，并以此来论述习道的应有形态。比如《花镜》中设有“幽玄之入境事”一节，其中言道：“幽玄风体之事，于诸道、诸事以幽玄为上果（最高境界）。更于当艺，幽玄之风体为第一。”这说明在能剧中，幽玄的演技才是最为重要的。

“幽玄”的概念源于老庄思想。老子将“道”界定为“玄之又玄”。“玄”指暗，不清晰，为了表述“道”的深奥和难以把握的特点，老庄思想中使用了“幽玄”一词。甚至在中国佛教中，为了表述佛法的深远和难以理解，“幽玄”一词也常被使用（比如确立了天台佛学的智顗所作的《金刚般若经疏》）。

在日本，最澄虽在文章中使用过这个词，但更为人们所熟知的表述则是《古今和歌集·真名序》：“或事关神异，或兴入幽玄。”其后，藤原俊成[109]等人在竞歌判词中也屡屡使用“幽玄”一词。藤原定家虽在《每月抄》中举“幽玄体”为和歌十体[110]之一，但他并没有进行具体说明。在当时被认为是藤原定家所作的《三五记》同样谈到了“幽玄体”，其中写道：“歌冀平易柔和之径”，这说明“幽玄”一词充满了优美之意。

鸭长明在《无名抄》中指出，幽玄出自《古今和歌集》：“中古之姿亦出自《古今》，此幽玄之状亦出自此集。”关于幽玄，他首先明示“自己亦无甚心得”，然后又说：“要而言之唯是不现于词之余情，不见于姿之景气（感受）。心中理深，词中艳极，则此德自是具备。”“余情”一词，不露于一言一语，却在言语背后包裹着言语，可谓意味深长。当咏歌之人隐藏起来的心理活动通过语言，被他人以余情的方式感知时，幽玄之德便于此而生。

如前所述，世阿弥常作连歌。南北朝时代到室町时代连歌论中对“幽玄”的理解很可能影响到了世阿弥。二条良基[111]曾官至关白[112]，且通晓和歌、连歌、管弦、蹴鞠等，并著有多部歌论和连歌论。众所周知，因为二条良基很喜欢年轻的世阿弥所作的能，所以他还为号曰鬼夜叉的世阿弥送名“藤若”。在二条良基的《十问最秘抄》中可看到这样的表述：“先以幽玄之姿，可将纤细滑润之词解为好，可将瘤疖可怖之词解为恶。”

世阿弥的“幽玄”

在和歌、连歌的世界里，“幽玄”一方面被理解为语言之美，另一方面又被理解为语言所不能穷尽的、只能以余情来感受的东西，而世阿弥的“幽玄”就是继承了这样的理解。在《花镜·幽玄之入境事》中，他举舒展而高雅的身段、优美的戏词、悦耳动听的旋律等为例，指出“唯美丽柔和之体，乃幽玄之本体也”。由此可知，世阿弥认为，舞姿、戏词的美丽柔和才是“幽玄”的特质。

但同时他还说：“花者，人形（“姿”之义，或与“人体”同义）也。细观姿者，心也。”姿、形给人优美、幽玄的印象，是因为其背后有“心”。有了“心”，才能生出“花”来。要想生“花”，就必须通过歌之道等途径来磨练语言，学习有品位的身段和装扮的方法。心得到了洗练，优美的姿和形才会产生。世阿弥对此的表述是：“可知即使模仿悉皆不同，却有观之甚美之一折（一段有情调的样态），乃幽玄之种。”他说，这才是幽玄艺风的重要之处，应在意识到这一点的基础上加以习练。他又说：“设法以此理化作我，且入为其主，此之谓幽玄之入境者也。”就是说，只有自己亲自穷究此理，并将依照此理的表现彻底变成自己的东西，这样才能立于幽玄之境。

“萎”之美

另外值得关注的是，被理解为“幽玄”的并非只有“美丽柔和之体”。世阿弥在《风姿花传》中说过：“花将萎[113]，方为有趣”。关于“萎”，他说：“较之花，可谓在其上”（第三《问答诸条》）。“萎”被定位在“花”之上。

世阿弥的论述是以纪贯之对在原业平的评价为基础的。纪贯之在《古今和歌集·假名序》中，将在原业平的歌评价为“在原业平其心有余，而词不足，如凋花失色留残香”。这是一个否定性的评价，但世阿弥却将其加以肯定性的理解，并将其视为“有趣”。他把鲜花盛开的美比喻为余情，并能从中看到伴随着行将灭亡之物的哀伤所呈现出的美。世阿弥对这种美的关注体现在了谣曲《井筒》最后的合唱部分：“凋花失色，在原寺里香气留。”

此外，前文所见的《风姿花传》的见解也被《花镜》继承了下来。在《批判之事》一节，世阿弥指出，能够取得很好效果的能剧有三种，即“由见出来能”“由闻出来能”和“由心出来能”。所谓“由见出来能”是通过表现于外的演出效果吸引观众的能剧。“由闻出来能”是通过音乐、曲子让观众品味到趣味的能剧。关于“由心出来能”，世阿弥如是说：“不特具备二曲（舞与歌）、模仿、义理（词句的内容）之能，于其寂寂中总有感佩之处，是谓冷曲也。……是唯觉无上上手[114]之得，即瑞风[115]乎？以之谓由心出来能，亦谓无心之能，亦谓无文之能也。”

给人以枯萎的印象，虽不能明说，却总有种深深的感动，世阿弥将这种能叫作“冷曲”，认为只有无上的演技者才能表演。可以说,这里有与《风姿花传》的“花将萎,方为有趣”相通之处。也可以说，世阿弥的“幽玄”不仅包含优美，还包含着这样一面。

四、无心与妙
——所寻求的境界

无心之能

《花镜·妙所之事》云，“幽玄风体老到”之艺，即达到被称为幽玄的最高层次的演艺，“使能达于极致，成深通此道之人（表演真正优秀之艺的主角儿），伏入老到之位[116]之安所[117]，丝毫无关所为之态，达至无心无风之见风（艺位），当在近乎妙所之所”。意思是说，在丝毫没有意识到自己的表演时，就已经立于所谓“无心无风”的艺术境界。

应该注意的一点是，能的演技的最高层次是用“无心”“无文”或“无心无风”等词来表述的。

“有文”“无文”即便在连歌论中也是被区别使用的。比如二条良基《九州问答》所示，“有文”，即“华丽有趣体”，它所表现的东西被认为是高手所为（小西甚一《能乐论研究》）。这一点与世阿弥的理解迥然不同。较之诉诸视觉、听觉的有明确“文”的“有文”，世阿弥对虽无特别之“文”，但能更深地诉诸观众的“无文之能”给予了更高的评价。

关于“无心之能”，世阿弥在《花镜·上手之知感事》中，从演员艺位和观众所受的感动两个方面加以说明。世阿弥认为，演员的艺位有被称为上手的位、名人位、得天下名望位三种。从观众方面来说，他们有时会被演员长年习练所得的技艺吸引，将其评价为“好角儿”，有时演员虽会在谣、舞、动作方面显露出不熟练，但观众仍觉“有趣”。被评价为名人的演员给予人们的，正是这种感动。不过，还有比这更高的阶段。对此，世阿弥如是说：“趣位[118]之上，当有心中不觉而发出‘啊’声之阶段，是为感也。此为心中不觉，故不觉有趣之感也。此亦曰‘不混’[119]。”意思是说，观众不知不觉“啊”地叫出声来，心中甚至没生出“有趣”的念想，如此纯粹无杂的感动，才是最高的阶段。这种真诚的感动被认为是“无心之际”。

这就是“无心无风位”，但前面的引文却说“当在近乎妙所之所”。关于这个“妙所”，世阿弥在《花镜·妙所之事》一节如是说：“于能艺，曰妙所者，初为二曲（舞与歌），而至行动一切所，当有此妙所。且说，欲言又止。……极致艺人亦仅知在我之风体也。不知‘好，此处妙绝’也。（以不知而谓妙所。若稍有所言，非为妙也。）”意思是说，即便是深得奥义的名人，他虽知道自己表演的地方有妙处，但他却没有“好啊，此处演技甚妙”的自知。

这就是说，所谓“无心之能”，就是不为怎样演戏分心，在身体自然而动的演技上形成的能剧，是无心去想自己作为演员的完成度如何，无心期待观者如何高度评价，只是完全沉浸在演戏本身的状态中所产生的能剧。这里虽然没有什么特别惹眼的东西

（即不是有文），但在观众心中却产生了刻骨铭心的感受。

无心与禅

世阿弥在《花镜》中提出“无心”的问题时，他大概已经意识到了禅吧。这一点，可以从《万能（所有的技艺）绾一心事》一节中引用的句子“生死去来，棚头傀儡（架子上的提线木偶），一线断时，落落磊磊”得知。这是林下的临济宗大应派僧人月庵宗光[120]留下的《月庵法语》中的话。之后世阿弥又说，能剧也可被比喻为由心操纵的提线木偶，必须用线把所有技艺联系起来，不能让人看到提线。他还说，不仅在表演能剧时，“行住坐卧”，每天的行为也应系于“定心”，即系于禅定之心。

但是，世阿弥更接近禅——大概与出家有关——是在他写作《拾玉得花》等后期传书的时期。

首先应该关注的是，他虽已在《拾玉得花》中穷究了传书所记之奥藏，已达到难做之艺也能自在表演的“安位[121]”，但他还是说，这是“积年习道练功而得之安位也。若然，则难呼其名曰无心也”。意思是说，积多年之功获得的、能够随心所欲地进行表演的境位还不能叫作“无心”。

但是超越境位，就能够达到真正意义上的安位。对此，世阿弥如是说：“安位者，当有与意景、态相[122]全然无关之处。诸条已尽练功习道，其时心中亦无一物。”(《拾玉得花》) 这个安位，与演员的想法以及演员怎样演戏的思考完全无关。在这一阶段，习道过程中所思考的各种各样的事情便已完全脱落，达到名副其实的“无心”。

“心中亦无一物”的表述不消说是来自禅宗六祖慧能的“本来无一物”。这句之后，世阿弥又引用了宋朝自得晖（慧晖）禅师《六牛图》第六所见的“命根断处，绝后再甦”一句。这句引文意为，只有在斩断一切有意识的演技之处，沁人心脾的演技才得以显露。虽然这套《六牛图》早已散佚，世阿弥不可能直接看到此书，但从宋元时代的禅僧希叟绍昙的《五家正宗赞》推测，世阿弥是知道这一表述的（《世阿弥禅竹》,《日本思想大系》第24卷补注106）。该书也是五山版之一，在世阿弥时代广为禅僧所读。

何为“妙”

应注意的一点是，在《九位》《拾玉得花》等后期的习道论中，世阿弥有时给予“妙”这个概念以更重要的位置。当然我们已经看到，即便在《花镜》中，达到有幽玄之谓的最高境界的艺，也仅被说成是接近“妙处”。循着这一说法我们可以看到，在后期的传书中，“妙”或“妙花”这样的概念被赋予了更大的意义。

例如《拾玉得花》中有设问，“安位”与“无心之感”“妙花”意义相同吗？对此，书中的回答是，心中亦无一物的“真实安位”并非积累功劳、经验而得的安位，而是“是虽作万曲，心中不可思‘安’。乃无曲、无心之当态也[123]。可将此位称作本无妙花[124]。”即不是揣摩技巧、有意识地炫耀演技的位，而是时而能够集中在演技上的位，这样的位才是“诚位”。这就是“本无妙花”，即可达至真无的妙花。

在谈到演员的境位时，世阿弥使用了“妙花”之说。而谈到观众一方时，也可以使用“妙花”这种说法。看到达人的最高演技时，观众会被无法言明的感动所包围。这就是前文《花镜》所说的“发出‘啊’声之阶段”。观者自身也只能把这种“心中不觉”的状态叫作“无心之感”。对此，世阿弥说：“无心之感、即心（其瞬间之心）唯欢喜乎？不觉微笑之机[125]，言语绝，正无一物[126]。此曰‘妙’。得‘妙’之心，妙花也。”（《拾玉得花》）

无论是演员的演技，还是观者的感受，都可叫作“妙花”。与其说它们是分别产生的，不如说它们产生在演员的“无心”演技与观者的“无心之感”相碰撞、相重合之处。

“言语道断”的境界

心中亦无一物的无心表演、只能表述为“欢喜”的无心之感何以被形容为“妙”？《花镜·妙所之事》或许给出了线索：“妙者，‘たえ（tae）也’。‘たえ’者，无形之姿[127]也。无形之所，妙体也。”

对那些从超越一切技巧、意图的表演中产生出来的东西，都不能预先描画它具体的形态。在观者尚未生出“有趣”之感的阶段，甚至在不知是否有趣、只能说“亦不可谓有趣”的阶段，观者对这些无心表演的反应就已应运而生了。这就是无形的感动。

这种“无形之姿”是不能用语言来表达的。《花镜·妙所之事》已经——正如前文所述——写道：“以不知而谓妙所。若稍有所言，非为妙也。”而《拾玉得花》则说：“妙者，绝言语，心行所灭也。”另外，世阿弥在《游乐习道风见》中引了藤原定家的歌“驻马欲拂衣袖雪，却无遮蔽处，落雪黄昏佐野渡”，之后他又写道：“深通此道者（表演真正优秀之艺的主角儿）之态亦有如此不可言之感乎？天台妙释亦云：‘言语道断，不思议，心行所灭之处，是妙也。’”

在中期以后的传书中，“花”的概念逐渐退居次要地位，前文虽如是说，但“花”仍与我们现在所述的内容有关。能剧表演的终极境界，以及由此产生出来的感动，都是不能通过使人联想到具体事物的比喻来表达的，而正是这种认识催生出了表现的变化。当然正如“妙花”一词所明示，并非不能使用“花”这个词了，而是在“花”之前抓住了“妙”字。而只有在对这个“无形的”、不能用语言来表达的东西加以反思时，才道出了“花”字。

天台的传统

正如道元《正法眼藏》等著作所示,“妙”也是禅宗常用的词,特别是在天台佛教中尤其受到重视。智顗依据《法华经(妙法莲华经)》创立天台宗,讲述天台三大部《法华玄义》《法华文句》和《摩诃止观》,而最澄将这三大部带回日本。此后,这三大部与《法华经》一同成为天台宗研习讲授的中心,并有许多注释书著成。

天台宗与天皇家族一直保持着很密切的关系,天台宗的教义和学问也成为那些支撑宫廷文化的人们的宗教素养源泉。无论是在藤原俊成的《古来风体抄》还是藤原定家的《每月抄》中,都能看到《摩诃止观》的影响。

与将军、公卿们交往深厚的世阿弥,自然也有机会接触天台教义和学问。此事带来的影响随处可见,比如谣曲《箙》中的台词:“飞花落叶之无常又呈常住不灭之荣,一色一香之缘生应无非中道之眼。人人个个缘生之观念犹以难至。呜呼,宿命之身!”大意是,飞花落叶虽昭示无常之理,但也总是花落花开。也可以说,这表现了常住不灭之荣。一色一香,因缘而生,这不是拘泥于有与无的对立立场,而是在脱离对立的中道立场上反映出的既无常又常住不灭的真理。但是,要想每个人都达到这种境界,完美地掌握这个真理,这是很难的。人的命运和存在是多么漂泊不定啊!

这句台词源自《摩诃止观》。在谈到“圆顿”，即无所不有、应有尽有，很快便能实现开悟的状态时，《摩诃止观》序章第一节《序分》说，“初缘实相，造境即中（道），无不真实。……一色一香，无非中道”。世阿弥的台词即以此为蓝本。

天台与世阿弥

前面引用的“天台妙释亦云：‘言语道断，不思议，心行所灭之处，是妙也’”的表述，也充分说明了天台的教义和学问对世阿弥的深刻影响。此处是世阿弥循着《摩诃止观》卷五上所云“观心是不可思议境者”，以及“言语道断，心行所灭，故名不可思议境”所说的。

将言语道断、心行所灭之处表述为“妙也”，这种表述所依据的，是忠寻[128]为《法华玄义》加注的《法华略义闻书》。书中言道：“言语道断，心行所灭，法界不可得，寂灭之言语。”又云：“诸法自性，不可以名知，不可以心思量，名之曰妙。”（同前书卷129下。参看三崎义泉《止观美意识的展开》）

另外，世阿弥在《九位》中说道：“所云妙者，言语道断，心行所灭也。夜半日头，是又言语可及之处乎？”即是说，通过“夜半日出明”这种蕴含矛盾的句子所表现的禅境来解释“妙”这个概念。所谓“夜半日头”，是根据梦窗国师[128]《梦中问答集》中的“新罗夜半日头明”一句而来的（化自《景德传灯录》卷12[130]）。这样一来,《摩诃止观》的句子就与禅境结合在了一起。就连《拾玉得花》在谈及“真实安位”时所说的“有云无位真人之文，云无形之位”，也引自《临济录》。可知在世阿弥的心里，禅与天台教义和学问并没有多大的隔阂。

何为“却来”

《九位》将艺的境界分为上三花、中三位、下三位共九级，并借用禅语来说明每个艺位。置于文末的《九位习道次第》云:“自此中三位至上三花，得安位妙花，却来游通[131]下三位之风（自由地降下来）,一具其态,亦可成和风曲体（加入柔韧性的演技）。”登上最高艺位的人依靠自己的力量再次自由地表演下位之艺，这种情况即用“却来”一词来表达。《拾玉得花》把穷尽上三花的演员返回下三位比喻为出淤泥而不染的莲花，认为只有这一艺位的达人才是“真实安位”。

从世阿弥将最后所著传书命名为《却来华》可知，他非常重视“却来”这个概念。文中说道，有一部四十岁以前不能表演的秘曲叫作《却来风之曲》。关于这部秘曲，他说这是“无上妙体之秘传也”。

“却来”本是禅宗用语,走向绝对平等的悟的世界叫“向上”,

或“向去”。与此相对，不滞留在悟的世界，为了众生再一次从那里返回开悟前有高低贵贱之分的世界，就是“却来”。在《五音曲诸条》中，世阿弥使用了“向去却来”的说法。在《拾玉得花》中论述“真实安位”时，世阿弥引用了禅语“悟悟同未子”（也见于《五音曲诸条》），以及前文所述的自得晖禅师的《六牛图》中的句子。从这些引用来看，世阿弥是热衷于禅宗典故的。

所谓“悟悟同未子”，源于《景德传灯录》和《五灯会元》中出现的提多迦尊者（自释尊起第五祖）的偈“悟了同未悟”。意思是，悟了的境界与开悟之前的境界相同。这种意思似乎在中国宋代代表诗人、书法家苏轼的诗中也有明确表述。在禅林中，“庐山烟雨浙江潮，未到千般（长时间）恨未消；到得还来别无事，庐山烟雨浙江潮”一诗经常作为明确表现禅悟境界的诗而被引用。意思是，无论是对被吟咏作“神秘的”庐山烟雨，还是对以壮观而闻名的浙江下游的钱塘江潮，人们都抱有强烈的想一睹为快的冲动。然而真正去看了之后，心中却无半点波澜。亘古不变的依然是庐山，依然是浙江。该诗也可与《风姿花传》第七《外篇口传》中的“究罢此道而观之，花也，别无他物”一句对照来看。

世阿弥的禅

我们已多次言及世阿弥与禅的关系。对于世阿弥来说，什么是禅呢？最后让我们来回顾一下这个问题。

禅给予世阿弥的习道论以强烈的影响，这是随处可见的。但是，谈禅并不是世阿弥的意图。我们看到，随着时代的发展，禅的境界越来越深。然而，世阿弥并非以禅者的姿态来写传书，他是为了将自己通过禅境的深化而深刻掌握的艺术境界一代一代地传给后人，才写下了这些著作。

尽管如此，读《拾玉得花》等书时仍有这样的印象，即晚年世阿弥对于能剧的理解，与禅和天台教法所培育而成的宗教境界密切结合，难以截然分开。在写《花镜》时，世阿弥为了准确把握和表达应传达的奥义，将禅的思考方式作为一处切入点加以利用。可以说，这是以表演者或传承者的视角去理解禅的语言。到了晚年，这种状况虽基本没有改变，但世阿弥却也稍稍偏离了表演者的立场，将能剧所追求的东西作为一个远离演技的理念去探讨。

在《拾玉得花》中，世阿弥就是即便穷极艺术、功成名就，依然饶有兴味钻研艺术的人。在谈到“知花”的演员时,他说“如见飞花落叶为常住”。此话不单单指能剧所要追求的东西，还指人之所以为人所要追求的东西。

第五章　松尾芭蕉的“风雅”

——闲寂、枯寂与“自然”

一、从西行到千利休，贯彻始终之物

对西行的思考

松尾芭蕉是对以诗歌为代表的日本传统带有强烈意识的人。他将自己，将俳谐置于历史之中加以理解。正如序中所写的那样，《笈之小文》如是说："西行之于和歌，宗祇之于连歌，雪舟之于绘画，利休之于茶，其贯道之物，一也。且风雅中物随造化以四时为友。所见莫非花，所思莫非月。像非花时，等同夷狄。心非花时，类于鸟兽。出夷狄，离鸟兽，随造化，归造化。"

松尾芭蕉抱着浓厚的西行怀想，这从他反复吟咏源自西行和歌的俳句可知。西行咏和歌"年老还能越此山？曾思否？未曾思。只因命仍在，佐夜中山[132]"。芭蕉借用其歌中语咏道"命仍在，仅此笠下且乘凉[133]"。"樱花兮，活在两命中[134]。"又，在芭蕉的门人山本荷兮编撰的俳谐集《冬日》（1684 年）中的《霁卷》里，芭蕉在荷兮的诗句“愁思出魂魄，飞入花荫后”之后续诗“望日我亦同”。不消说，这是以西行的歌“心中愿，春天花下死，如月[135]望月时”为基础的。

在芭蕉偶尔写下的文章里可以清楚地看到他对西行的强烈怀想。比如，他为有蕉门十哲之称的门人之一榎本（宝井）其角所编辑俳谐集《虚栗》写《跋》时说：“一书名《栗》，其味有四[136]。李杜尝心酒，寒山啜法粥。因此而其句见遥闻远。闲寂与风雅，非在凡间，寻西行之山家，人所不拾之蚀栗也。”大意是，模仿李白、杜甫、寒山等幽远诗境的俳句价值也许不容易被理解。浸透在《虚栗》中的闲寂与风雅，与世间的普遍状况迥然有异。我曾向西行所住的山家（向其歌趣）求之，得到的枯寂之趣却正是喜好华丽的世人不会捡拾的虫蛀栗子。

寻西行“泪迹”

松尾芭蕉的门人之一——伊藤风国编辑了芭蕉最早的俳句集《泊船集》，他在序中写道：“先师芭蕉翁出，追慕西行、宗祇足迹至奥州[137]尽头。”芭蕉追思西行、能因、宗祇等人，多次踏上行旅之途，遍访名胜古迹。

他在贞享二年（1685）完成的第一篇游记《野曝纪行》中记载了经故乡伊贺上野巡游奈良、京都等地的旅行，正如开篇俳句

“荒野曝白骨，秋风萧瑟浸我身，心中不动摇”所象征的那样，这是一次在脱离贞门风[138]、谈林风[139]俳谐，树立新俳谐这样一种悲壮的决心下进行的旅行。也正是此时，他寻访了与西行有关的地方。治承四年（1180），西行离开高野山，移居伊势，在二见浦的山中结庵。当时，他咏歌道：

漂泊高野山，后侍伊势国二见浦之山寺，曰大神宫御山为神路山，思大日垂迹而咏。

深入往神路，
寻踪到深处，
又登无上峰，
沐松风。

——《千载集》

所谓无上峰，一般认为是指释迦讲《无量寿经》《法华经》时的灵鹫山。吹到那里的松风也一样吹到了这里吧。

芭蕉续其后，暮诣外宫[140]，一华表[141]之影，处处都见御灯，几觉此身“又登无上峰，沐松风”，遂起深心。

晦日无月，
山风呼啸，

犹抱千岁杉。

在阴历三十日没有月亮的夜色中，狂风拥抱着历经千载的杉树，即山风在杉树周围翻卷。在这首俳句之前，芭蕉在亲笔的怀纸（抄本）上写道：“寻西行泪迹，自一华表诣岩户时，日暮道暗”（《诸注评释新芭蕉俳句大成》）。“寻西行泪迹”一语令人印象深刻。不消说，这是因当时西行在伊势神宫吟咏的歌“何事之有虽不知，诚惶诚恐兮，涕泪涟涟”而作的。西行也因为这首和歌而广为人知，为世人所信赖。

所谓“贯道之物”

回顾最初引用的《笈之小文》中的词句，芭蕉所认为的贯穿了西行、宗祇、雪舟、千利休等人创作（也可进一步说是自己创作的俳谐）的东西到底是什么呢？

首先我想到的，是他们对无常的深刻认识，以及以无常为基础的审美意识。正如我们在第一章所见，西行和歌的根底里流淌着强烈的无常感。第一章引用了和歌“翻越死出山，亡人数相续，没有断绝时”。对于生在战乱之世的西行来说，生命短暂之感已彻入骨髓。

宗祇（1421—1502）是室町时代连歌师的代表。宗祇出生时，世阿弥距离去世仅剩二十余年。相对于为了助兴而吟咏、拥有很强诙谐性的“无心连歌”，宗祇继承了《新古今和歌集》以来的审美意识，集注重情趣的“有心连歌”之大成。除了以《水无濑三吟百韵》为代表的众多连歌作品外，他还留下了《白河纪行》《筑紫道记》等游记。宗祇也是一生都在不断旅行的漂泊之人，他的心底也流淌着对无常的强烈感受。在宗祇自撰的连歌集《萱草》中，有一首后来被收进《新撰菟玖波集》的俳句：“人生降此世，更似骤雨狂降时，暂避屋檐底。”此句意为，此世的人生被比喻为暴风骤雨下的暂时躲避，是无常而短暂的，也是寂寞而辛酸的。同时，此句又包含着贯彻世之无常，欲接受世之无常的理念。旅行对于宗祇来说，也许就是将这一理念具体化的方式。

除芭蕉的小序“亲手戴上遮雨朴笠”外，前文提及的《虚栗》还收录了芭蕉的俳句“人生降此世，更似宗祇狂咏时，暂避屋檐底”。此句源自宗祇的俳句，只是将“骤雨”换成“宗祇”而已。芭蕉想在旅途中与宗祇一同去追寻那此生中不停变转的闲寂。这种强烈的情感正蕴含在这一句中。

芭蕉的“无常”

芭蕉是强烈地意识到世之无常的人。收录在《猿蓑》等集中的俳句“不久将死去，其情其景难见到，且听蝉声噪”即是证明

（立花北枝编《卯辰集》有小序《无常迅速》）。服部土芳[142]在其留下的俳谐论著《三册子》中的一篇《忘水（黑册子）》中写道："师访客，食后对某人云：'当取蜡烛。'显然牵挂夜深之事也。……继而曰：'命亦如斯'也。无常之观，犹亡师之心也。"这是说，"无常之观"就是芭蕉的"心"。

芭蕉晚年在大津石山寺西边的国分山结了一间草屋，取名幻住庵。记述当时感怀的《幻住庵记》以这样的话作结："乐天破五脏之神，老杜瘦[143]。贤愚文质[144]不等同，然而何处不幻栖？不再思而卧寝。"大意是，虽然自己才疏学浅，无法与精于诗歌的白乐天、杜甫相比，但有一点却是相同的，那就是我们都生在这个名为虚幻的短暂世界上，这世间岂有不是"虚幻的地方"？

《幻住庵记》是经过反复推敲而写成的。在被认为是其最初文稿的《芭蕉文考》中，最后一部分是这样写的："推背摩腹颦眉[145]之中，不觉初秋过半。一生终了亦同此如梦，又为幻住[146]。"这是在说，人世如梦如幻，迅速变迁。

在《奥州小路》之旅中，芭蕉一度心疾复患，几乎丧失了继续走下去的意志，但他很快再次燃起继续走下去的斗志："羁旅边土之行脚，舍身无常之观念，纵死于道路，是天命也。气力聊恢复，踏道纵横，曰伊达大木户[147]。"

二、“闲寂”与“枯寂”

闲寂茶

说起芭蕉俳谐的精神，可以举出“闲寂”（wabi）、“枯寂”（sabi）、“余韵”（shiori）[148]等词，这些词的背后是前文所述的对无常的思考。

松尾芭蕉特别喜欢用“闲寂”这个词，其背景可能就在于茶道的“闲寂”。元禄三年（1690），芭蕉在寻访门人滨田珍硕[149]（洒堂）在近江膳所[150]的寓所时写下的《洒落堂记》中如是说：“其简而方丈[151]者二间，继休、绍之闲寂，而不见其则。”休、绍是指千利休和茶道师匠武野绍鸥[152]。意思是说，继承他们的闲寂，却不受制于茶道正式的规则。由此可知，芭蕉对武野绍鸥和千利休的“闲寂”都有很高的评价。

千利休的弟子山上宗二在其所作的茶道传书《山上宗二记》中说：“心敬[153]法师云，连歌之语曰：连歌作法枯且寒。绍鸥常以此语道饮茶终了如此所焚之物。”由此可知，武野绍鸥继承了枯、韵、寒等连歌的理念，并使之成为茶道的理念。

“枯且寒”一词的出典并不明晰。心敬在《私语》中回答如何咏歌时说：“悟知冷寂。”随后，心敬又举出多首幽玄体歌，并这样说道：“在心语少，寒瘦之句中当有秀逸。”所谓“心语少”，即简洁且趣向[154]和表达没有多余之物的意思。

武野绍鸥随村田珠光的门人村田宗珠学习茶道，珠光在《心师之文》中也用“冷枯”来表述自己在茶道上的理念。村田珠光通过与自己关系亲密的能阿弥（侍奉于足利义教、足利义政的水墨画家、连歌师，在茶道方面也有很深造诣）接触到能剧和连歌，并将它们的理念境界引入茶道。在前一章我们看到，世阿弥将“寂寂”的“冷曲”当作无上的上手瑞风，而这样的审美意识以及心敬的连歌理论也被村田珠光、武野绍鸥继承下来。

山上宗二用“吉野之花过了盛期，又度过夏天，似秋月与红叶”来描述武野绍鸥的茶道。与此相反，他对千利休的茶道则表述为“早，冬木也”(《山上宗二记》)。千利休比武野绍鸥更强烈地寻求“冷枯”的美。能剧、连歌、茶道继承下来的审美意识是在否定积极价值的美中，寻找终极之美的审美意识。可以说，这样的审美意识就叫“闲寂”吧。

藤村庸轩是千利休的孙子千宗旦的弟子，他的女婿久须美疏安编辑的《茶话指月集》（1701年）中有这样的话：“宗易（千利休）已觉悟到，雅好道[155]之本意在于闲寂”（《山上宗二记・附茶话指月集》）。至此，由村田珠光传承下来的“闲寂茶”得以确立。

松尾芭蕉的“闲寂”

延宝八年（1680）冬，松尾芭蕉舍弃俳谐宗匠的地位，移居深川草庵。从那时起，他开始屡屡使用“闲寂”一词。这与他告别谈林派俳谐，向“蕉风”的独特风格转换的时期相重合。

比如在移居深川的第二年，他就创作了俳句“人闲寂，月澄澈，奈良茶饭[156]月侘斋，庵前对月歌”。这首俳句前的小序写道：“闲看月，身清寂，叹才拙。欲答闲寂，却无人问。名亦清寂。[157]”（见于《俳谐一叶集》）“月侘斋”是在清贫和孤独中以月为友的人物名字，大概指的就是芭蕉自己。一边吃着实属清贫的奈良茶饭，一边作着俳句，“将‘闲寂’进行到底吧！”他对自己这样呼喊。

大约在同时期，芭蕉还写了名为《乞食翁》的俳文[158]。在引用杜甫诗句“窗含西岭千秋雪,门泊东吴万里船”之后,他又写道:“我识其句，不见其心。忖量其闲寂，不知其乐。唯胜老杜之物，独多病耳。隐于闲素茅舍芭蕉下，自号乞食翁。”意思是说，我不能真正理解杜甫的感怀，仅仅揣测杜甫的闲寂之心，却不能品味他的乐趣。我只是隐居在粗陋茅草屋的芭蕉叶下而已，我把这样的自己唤作“乞食翁”。

“忖量其闲寂，不知其乐”一句给人留下深刻的印象。恐怕“闲寂”的真实之味是不能品味的吧。但芭蕉的“闲寂”却渐渐显出了深意。

收录在《冬日》里的歌仙《劲风卷》[159]开头处有序文："笠绽于长途之雨，纸衣[160]于露宿间受暴风雨之蹂躏。敝衣落魄之人，吾亦甚觉哀怜。忽而想起从前之狂歌才士[161]到此国之事。"也有俳句："发狂句[162]，劲风摧木枯，此身似竹斋。"为"敝衣落魄之人"深感"哀怜"，从这样的心境中能够看出，芭蕉似乎是肯定这种状态的。芭蕉不是单纯地慨叹竹斋，而是满怀热情地积极接受竹斋（竹斋是江户时代初期富山道冶所著假名草子《竹斋》中的主人公。他游历各国，在各地吟咏狂歌[163]）。

元禄二年（1689），在《奥州小路》所述之旅即将结束的大垣，松尾芭蕉将旅行中携带的纸衾作为礼物送给一直照顾他的近藤如行[164]的弟子竹户。在其所附的《纸衾记》中，芭蕉这样写道："仍继心之闲寂，勿破贫者之情。"可见，芭蕉希望如行的弟子能够继承他的"心之闲寂"。

松尾芭蕉的"枯寂"

作为表现芭蕉俳谐本质的词语，"枯寂"一词常常被提起。一种观点认为，芭蕉的"枯寂"在诗的领域完成了千利休的"闲寂"。但是，除"枯寂"一词外，芭蕉在使用"枯寂"的动词原形"枯寂"（sabu）以及形容词"枯寂的"（sabishi）时，并不像千利休使用"闲寂"的动词原形"闲寂"（wabu）以及形容词"闲寂的”（wabishi）那样积极。

当然也不是没有这样的用例。比如有俳句：“朦胧寂月下，欲说明智妻”（该俳句的背景是，当明智光秀还是浪人时，为了开连歌会，其妻熙子卖掉头发为他筹集费用）。此外，《嵯峨日记》元禄四年四月二十二日条写道：“今日无人，寂寞中戏书消遣。”“‘居丧者以悲为主人，饮酒者以乐为主人。’西上人（西行）咏道‘山居无孤寂，会有居住忧’，当是以寂为主人。”正如文中所言，西行的歌本是“早已断此念，山居绝无来访客。山居无孤寂，会有居住忧”（《山家集》）。意思是说，正因为有此寂寞，才能住在没有访客的山里，自己也与西行一样，将寂寞达于极致。

芭蕉在《嵯峨日记》中继“无访客……”这首歌之后，再次引西行的歌“我欲独居此，却有呼子鸟，又向山居呼唤谁？”（《山家集》中的原歌是“呼子鸟，又向山居呼唤谁？唯欲我一人，独居在此山”。）之后，芭蕉又写下自己的俳句：“闲古鸟，我心已忧烦，更求寂寞添。”呼子鸟就是杜鹃鸟，因其叫声悲凉，因此又叫闲古鸟。我对着闲古鸟呼喊，我已经历了各种坎坷，真希望你能让我平静下来，让我沉浸在寂寞之中。可以说，只有在寂寞中才能找到平静和安详。

向井去来的“枯寂”

虽然也有这样的例子，但在松尾芭蕉的俳句中，动词“枯寂”与形容词“枯寂的”很少被使用。此外，芭蕉从未将“枯寂”一词作为术语来表现俳谐所要追求的理念，也从未将它作为评语来使用。

相反，芭蕉的门人，特别是向井去来却将“枯寂”作为风雅的根本理念加以强调。向井去来与森川许六的争论以书籍《俳谐问答》的形式流传下来，书中说道：“大凡枯寂、余韵乃风雅之切要，不可忘也。”

“枯寂”（さび，sabi）源于动词“枯寂”（さぶ，sabu），是生机和活力衰退、失去，即完全荒废、荒疏，经年而古旧，甚至心灰意冷、寂寞之意。“萎”（しおり，shiori）也是来源于势头消失、萎靡、怅然之意的“萎”（しおる，shioru）。俳人们看到了只有在荒废、古旧、萎靡中才能发现的深刻韵味，并强调这些韵味才是俳谐所应追求的美。

在《去来抄》中，向井去来谈到了“那是什么”的问题。坂井野明问：“句之枯寂为何物？”去来答：“枯寂，句之色也。非言闲寂之句。譬如老人带甲胄上战场，饰锦绣而侍御宴，亦有老姿。既存于热闹之句，亦存于静谧之句。今举一句：樱花盛开时，守花人，凑前便把白发比。先师（芭蕉）曰，枯寂（色）已充分表达，悦也。”

他说，“枯寂”是说“句之色”，而不是闲寂的样子。也就是说，歌咏闲寂生活的俳句并不会原封不动地成为“枯寂”的俳句。“枯寂”不是俳句的内容。向井去来的理解是，“枯寂”是反映在俳句中的色。那么这是怎样的色呢？向井去来并未做出具体说明。《俳谐问答》也只是说“唯扎根于内，表现于外也”。

有人认为，“樱花盛开时，守花人，凑前便把白发比”这首俳句来自谣曲《岚山》中主角的自报家门之语“这是守护岚山之花的夫妇者也”（复本一郎《芭蕉“寂”的构造》）。芭蕉把这首俳句评价为“枯寂已充分表达”。如前所述，芭蕉自己并没有积极地谈论任何“枯寂”之事，但关于“枯寂”，他与门人一定有共通之处。

弟子们站在这种共有的审美意识的角度，更想把他们在荒废、古旧、枯萎中发现的微弱的美，以及它深刻的旨趣和韵味推到台前。可以说，弟子们是在理解了芭蕉俳谐的基础上，将“枯寂”作为俳谐的中心理念打造出来的。

三、风雅之诚

——“变成的俳句”与“作出的俳句”

“风雅之诚”

西行、宗祇、千利休等人用他们对无常的思考，用“冷”、“闲寂”和“枯寂”等词语表现“贯道之物”。松尾芭蕉从中看到了他们的审美意识，看到了他们追求美时所共通的东西。

用芭蕉自己的语言来表达，那就是“风雅之诚”。

在芭蕉心里，“风雅”这个词首先意味着俳谐。但不止于此，它还意味着随“造化”而生的生活方式、其中所存在的美、进一步理解这种美的心以及由心而生的俳谐的本质。《忘水(黑册子)》中记载，当被问及什么是诗时，芭蕉回答道：“诗为隐者之诗，以风雅为宜。”这是用同时代的俳谐师，也是他的亲密好友山口素堂的话做的回答。在此可以说，远离红尘的清爽就是用“风雅”一词来表现的。

关于“风雅之诚”，《三册子》之一的《赤册子》开头言道：“师之风雅有万代不易，有一时变化。究其二，其本一也。所谓其一者，风雅之诚也。”这里讨论的是芭蕉的“不易流行”理念，这一理念被认为是芭蕉行脚奥州时萌生出来的。此话是说，不易和流行的基础就是“风雅之诚”。俳谐所追求的“不易”，以及不断变成新物的俳谐的现实状况，都出自“风雅之诚”。

仅仅追求不变的东西，或是仅仅随波逐流、不断变化，都不能达到这“风雅之诚”的境地。芭蕉说，必须凝神“责诚”。此话大概是说，必须竭尽心智，将事物的本质探究到底。“责诚”也被表述为“勤诚”。“勤诚”，首先被理解为探求有古之风韵的人心，其次被理解为明晓师心，即熟读师作，然后懂得师傅所要表达的东西，以及师傅为了表达所耗费的精力。此外，还要远离私意，成为自然本身，并感受它的“微”（自然界的微妙的生命，关于这一点将在后文论述）。芭蕉就这样通过勤诚来“责悟风雅之诚”。可以说，芭蕉在西行以来的传统中看到了这一点。《三册子》之一的《白册子》用一句“往昔诗歌多有名之人，皆自诚出，探索诚也”阐明了这一点。

所谓“诚”

《白册子》还说：“夫俳谐之事始，代代仅戏于利口，先达终不知诚。……然亡师芭蕉翁上此路三十余年，俳谐初得实。师之俳谐，名乃昔日之名，却非昔日俳谐。诚之俳谐也。”所谓“仅戏于利口”，意思是说只追求笑料，自始至终都是语言游戏。这被认为是对传统的贞门风、谈林风俳谐的批判。与之相反，只有芭蕉的俳谐实现了“诚”，使俳谐得到了作为俳谐的实。

那么什么是俳谐的“实”呢？这可以用《赤册子》中的话来理解：“常在风雅者，因所思之心色成物而句姿定，故取物自然，无仔细。因心色不美，故别工语言。是则不常勤诚之心之俗也。”文中说道“因心色不美……”，所谓美之心色，用本文最初引用的《笈之小文》中的话来说，就是“随造化以四时为友。所见莫非花，所思莫非月”。所谓“因所思之心色成物而句姿定”，即是说，心已变成了花，心已变成了月，这样的心自然会变成语言，俳谐也会随之具化成形。在这样的状态下，徘人捕捉到的确确实实就是自然，而其他一切都被他抛在了脑后。《白册子》用“俳谐初得实”来描述这种俳谐的实现。

成为物本身

《赤册子》又说：“入物其微显，情一感，则成句也。譬如虽显言于物，因非自其物自然而出之情，故物我成二，其情不至诚，私意之作为也。”心之美成立于“入物”之处，即我离开我，成为物本身之处。物与我二分时，心不能至诚。不至诚的心自然表现于外，不能成为俳句。即使能够巧妙表达，但只要不是自然生成，而是人为的，那它就不能成为诗。

只有在我成为物、两者合一之处，事物的“微”，即微妙的生命才能被感受到。这种生命会自然而然地流溢在语言之中。这样一来，“诚之俳谐”便成立了。这就是“随造化，归造化”。“随造化，归造化”，意味着与创造自然合二为一并感受其“微”，意味着转化为语言。松尾芭蕉是用“松之事习松，竹之事习竹”来表现与创造自然合而为一的。

服部土芳按照自己的理解来解释芭蕉的“松之事……”，并强烈批判了那些最终没有师从造化的同门。根据服部土芳的理论，最终与物合二为一，以此来捕捉物的真实形态，这才是芭蕉想要表达的观点，有生命的俳句也会由此而诞生。《白册子》用“作者有感而成句，此即俳谐之诚也”来表达其中的微妙之处。可以说，此中有俳谐之真谛，这既是芭蕉的想法，也是服部土芳的想法。

言“光”

也就是说，心一旦感受到物之“微”，俳句便形成了。但另一方面，《赤册子》还介绍了松尾芭蕉韵味深长的话：“师曰：‘乾坤之变，风雅之种也。’静之物，不变之姿也。动之物，变也。有时不留，故不止。所谓止者，观之听之也。飞花落叶之散乱，观之听之，亦有止境（异本为“无有止境”），则其活物销声匿迹。又，师有句：‘物之可见之光，当在尚未消失于心时言。’又有将趣向抛入句中之事。是皆入其境而物不醒时取而究姿之教也。”

俳谐因伴随乾坤，即天地之变化——例如飞花落叶——而产生，但是其“活物”——用刚才的话说，就是与物合一时所显现出的物之“微”——并非自然而然地成为俳句。对于映在心中的“光”，如果不“观之听之”，用语言来表达，它便会消失于无形，当即终止。

“将趣向抛入句中”，就是把从心中闪耀的物之“微”涌出的兴致嵌入俳句形态中。必须趁着光芒依然闪烁、感兴尚未消散时，将俳句以具体的形式呈现出来。

“生成之句”与“作成之句”

当然，言“光”不是把“光”按压进既成的语言里，也不是将语言这个铸模从外部套上去，使思想固定在里面。始终将“活物”作为“活物”，即作为“光”以言之，诗（与散文不同）作为诗的机能，以及其独特的作用便应运而生。

正因为如此，服部土芳才接着上面的文章说：“作句有生成与作成。因常勤内而应物，故心色成句。常不勉内者，因不生成，故靠私意而作成也”（《赤册子》）。在《忘水（黑册子）》中也说：“（师）云同样之语：‘……某人之句过于作而心失直也。心之作为宜。不可好词之作’也。”

如果勤诚，迫近物本身，感知其生命，那么受其感染的心（心之色）就会生成俳句。这就是“心之作”，“生成之句”便诞生于此。反之，不能感受物之生命时——如“施语言之技巧于外”那样——

就只能靠“私意”来作成俳句了。这就是“词之作”，这样作出的俳句就是“作成之句”。

但是，俳句的“生成”并不是不需要所谓的推敲。收在《猿蓑》中有一首俳句：“鲑鱼干，空也[165]瘦，皆是寒中景。”晒干的咸鲑鱼和因修行而枯瘦的念佛僧空也，都和枯干的、冬季寒冷的景色直观地结合在一起。服部土芳在《赤册子》中举出这首俳句后又加了一句：“此句，师曰：‘欲言心之味而搜肠数日’也。观之乃费尽心力之句也。”所谓“心之味”，就是“心之色”，用前面所引的话说，就是通过与物合一来感知到的物之“微”。感受到的东西不是自然而然地变成语言，为了准确地表达出来，有时要“搜肠”好几天。松尾芭蕉亦如白乐天，是“破五脏之神”之人。“责诚”也包括用这样的方式来“搜肠”。

四、闻自然之声

“造化”

如前所示，要想“责悟风雅之诚”，必须竭尽心智，将事物的本质探究到底，必须与物一体，感受其生命。若用《笈之小文》

的表述，就是只有“随造化以四时为友”才有可能实现。与创造自然合而为一，俳谐才能得到俳谐之“实”。正因如此，芭蕉才说“乾坤之变，风雅之种也”。芭蕉俳谐的一大特征就是欲委身于大自然之变化，倾听大自然的声音。

“造化”一词可见于《列子》。在《周穆王第三》中，战国时代齐国的尹文（据说曾受老子之教）根据老子的“有生之气，有形之状，尽幻也”写道：“造化之所始，阴阳之所变者，谓之生，谓之死。”“造物者，其巧妙，其功深，固难穷难终。”这些阐述都强烈地反映了老庄思想。

“造化”一词如《庄子·大宗师篇》中的“伟哉造化”所示，可解释为创造、化育万物之主体，即造物主。同时它也可以指在造物主的作用下被制造出来的东西，即所谓森罗万象。这正好与欧洲中世纪的经院哲学家以及文艺复兴时期的哲学家所使用的 natura naturans 和 natura naturata，即“进行创造的自然”和“被创造的自然”的概念相对应。活跃在 17 世纪的荷兰哲学家斯宾诺莎因阐释“神即自然”的思想而闻名于世。这一思想认为一切事物都由神的本性产生，并存在于神之中。“创造的自然”也是“被创造的自然”。

作为创作原动力的自然

当芭蕉在《奥州小路》中说“造化天工，何人挥笔写尽词”

时，他想到的大概是创造天地万物的力量。当芭蕉在《笈之小文》中说“随造化以四时为友”时，他想到的大概是在创造化育的力量下所产生的东西。跟随变化，就是“像”变成花、心变成花，就是倾听自然的召唤。

《白册子》宣称松尾芭蕉的俳谐不是昔日的俳谐，而是“诚之俳谐”，这是因为《白册子》考虑到俳谐不是单纯的语言游戏。可以说，《白册子》是在更高的维度上去理解语言。语言不是简单地为沟通而使用，而是自然所召唤的语言。只有将其化为形，才是“诚之俳谐”。只有在切开这一维度的点上，才有芭蕉在俳谐历史中所发挥的作用。《白册子》将此记述为“天正待此人之腹”。所谓“此人之腹”，可以认为是听闻自然之声的芭蕉作为诗人的资质和才能。松尾芭蕉正是名副其实的随造化以四时为友的人。

西行也属这一谱系的人。正如第一章“咏歌者，对花月动感之折节，仅作卅一字许也”所示，他将在花月上感受到的“动感”原封不动地付诸语言。雪舟也是以山水为师的人，他感受着造化的无限力量，并将其付之于形。例如东京国立博物馆收藏的国宝《破墨山水图》，纵横恣肆的薄墨粗线与覆盖其上的浓细线条相互重叠，相互影响，将大自然描绘得充满生机和跃动感。可以说，这也是直接听从造化述说的结果。西行也好，雪舟也罢，他们都是倾听大自然的声音并从中汲取创作力量的人。

“夏炉冬扇”

“随造化”“像”成花、心成月，均非易事。

为此，我们首先必须跨越世俗价值尺度这一巨大壁垒。用《笈之小文》中的话来说，我们通常呈现出与“夷狄”和“鸟兽”接近的状态。只为了生活富足而活，只承认生活必需品的价值，我们就是秉持着这样的价值观而生活的。占据我们意识的，是财富，是立身，而不是花。若想“像”成花，首先必须转变价值观。

于是，诗的世界被打开了。里面有芭蕉阐明此事的俳句：

> 仔细观瞧，
> 荠花开在墙垣上。

这是收在《续虚栗》中的俳句。荠，杂草中具有代表性的一种草，开小白花，普通得几乎没人注意它。然而芭蕉却留意到了这种花，并被这种朴实的花具有的美所打动。

“仔细观瞧”，指的不是简单地“好好观察”，也不是在日常生活之余比以前更仔细地观察，它指的是超越观看日常事物的眼光超越观看日常事物的立场。“为了生活”之框架一旦脱落，从前看不见的东西便会映入眼帘。这样一来，看事物的眼光变了，经历世界的方式也就变了。可以说，芭蕉正是试图将从中发现的美表现在语言里。

但是从日常生活的价值体系来看，诗的世界是偏离这种体系的。芭蕉就具有这样的自觉。《许六离别词（柴门辞）》中的“予之风雅如夏炉冬扇，逆众无所用”便明确表达了这一点。芭蕉在此处将自己的俳谐比喻为夏炉冬扇，这说明芭蕉认为，俳谐是不能用普世的价值尺度来评价的，甚至可以说，俳谐是悖逆普世的价值尺度的。

然而，《笈之小文》中“像非花时，等同夷狄；心非花时，类于鸟兽”一段又充分彰显了芭蕉隐藏在“夏炉冬扇”背后的自我主张。芭蕉明确知道，只有在超越世俗价值时，才能看到处在既成秩序中时所看不到的、事物的真实形态和真实性。对他来说，俳谐既不是无用的，也不是所谓人生余白的单纯添加物。俳谐是将人与鸟兽区别开来，是在根本意义上使人之所以为人的东西。

五、漂泊与疯狂的人生

知晓“物之实”的行旅

如前文所述，松尾芭蕉用“责诚”一语来表达他在穷究物之真实时做出的努力。正如《赤册子》中“因常勤内而应物，故心色成句”所示，“责诚”是在心中完成的。如何见物？如何关乎物？“责诚”，表达的正是见物和关乎物的方法。然而在芭蕉心里，“责诚”同时也与外部问题紧密相联。

只要我们在日常生活中囿于那些被赋予了价值的东西，我们就无法在心中修行。要想“责诚”，就必须远离以前曾经执着的东西。对于芭蕉来说，行旅就是实践它的有力方式。在《笈之小文》中可看到这样的表述：“去栖而无器物之愿，空手而无途中之愁。”漂泊之旅就意味着抛弃一切，斩断执着。

当然，单纯的手中空无一物并非芭蕉的目的。在《送许六词》中，芭蕉如是说：“自古对风雅有情之人，负笈于后，草鞋痛足，破笠凌霜露，喜责己心、知物实之事。”如此处所言，行旅意味着“责己心、知物实”。这不是单纯通过痛足、凌霜露的方法来体味身体上的痛苦，而是为知“物实”而做的艰难尝试，以及为此而做出的努力。行旅意味着抛弃一切执着，只委身于四季的变化，意味着与天地自然的动向合而为一，感受物之真实的形态。前文所引的“松之事习于松，竹之事习于竹”，其含义也在于此。只有这样，“像”才能成花。

“风雅之魔心”

充分表明芭蕉对行旅的思考的，是《奥州小路》篇首处的句子：“月日者百代之过客，年来年去，亦旅人也。舟上浮生涯，牵马口而迎老之至者，日日行旅，以旅为栖。古人亦多有死于旅。予亦不知自何年为片云之风所诱而漂泊之思不止……漫神附于物而心狂，应道祖神[166]之招，而取物不及手[167]。”

对于芭蕉来说，行旅就是栖所。在写下“古人亦多有死于旅”时，首先浮现在芭蕉脑海里的大概就是宗祇。宗祇同样一生都在行旅途中，并在旅途中的箱根终了一生。前文引用了芭蕉的俳句“人生降此世，更似宗祇狂咏时，暂避屋檐底”，这说明芭蕉将自己的人生与宗祇于无常之世不停追求闲寂的人生重叠在了一起。“漂泊之思不止”一句，也并非与芭蕉对宗祇的思考无关。

当然，“漫神附于物而心狂”一句说明芭蕉心中有比宗祇更强烈的东西。“漫神”是指无意中附上人体并唆使人做出某事的神。这句是说，我受漫神驱使，内心发狂，正慌慌张张地踏上旅程。如此句所示，似乎有种难以抗拒的巨大力量驱使着芭蕉踏上旅程。

芭蕉门人中村史邦编辑的《芭蕉庵小文库》（1696年）中收录了《栖去之辨》一文。在此文中芭蕉写道：“风雅已至此，虽欲闭口，风情却涌胸中，有物一闪，遂成风雅之魔心。放下一切，离栖而去，腰中唯蓄百钱，结命于拄杖一钵。得遂，风情终被草席[168]。”

虽想不再创作俳句，但兴味涌上来时，还是冲动得只携一杖一钵便踏上行旅，即使以披着草席行乞的形象四处漂泊也无妨，他只想将风雅之诚追求到底。这种以无法抗拒的力量迫近的东西，芭蕉将其称为“魔心”。芭蕉受魔心的驱使，将行旅当成了“栖”。

芭蕉的疯狂

但是在芭蕉的生活中，一直有种名为“疯狂”的自觉与之相伴相随。如前所述，芭蕉自知，行于风雅之路，是脱离世人所追求之物，是脱离日常生活价值体系的行为。

他在《笈之小文》中把俳谐称作“狂句”也是源于这样的自觉。“百骸九窍中有物[169]。且曰风罗坊[170]。诚是云罗易为风所破之事。彼好狂句久矣，终成生涯之谋。”所谓“百骸九窍”，就是有一百块骨头和九个穴位的东西，即人的肉体。而芭蕉将其中的自己称为风罗坊，是因为他亦如随风翻转之物一般短暂。此风罗坊喜好狂句，并把它当作自己的生涯之谋。这里有种蔑视俳谐创作的语气存在。

另外，他还回顾了自己的一生（《幻住庵记》中也有同样的记述），虽有时欲立身扬名，有时欲学佛道，然而为了狂句，他都没能实现这些理想 。他说，“终是无能无艺，只系此一筋。”可以说，这种心情的流露也来自“疯狂”的自觉吧。当然，这不是单纯叹息自己的无能无艺，当芭蕉放言自己“只系此一筋”时，从中似乎能感受到芭蕉的骄矜，即“人之所以为人，其生活方式应体现在风雅之路上，而我芭蕉正走在这条路上”。这与前文芭蕉提出的“像非花时，等同夷狄”是一个道理。

风雅的悖论

正因如此，松尾芭蕉的“狂”并非单纯的“疯狂”。正如前文所见，芭蕉是个责诚、勤诚，迫近事物本质，欲尽心“责悟风雅之诚”的人。而且，他为了知“物之实”而度过草鞋痛足、破笠凌霜露的人生，甚至就连披着草席也在所不惜。从这个层面来说，风雅之道之于芭蕉就是“狂”与“执着”。

西谷启治有篇题为《芭蕉的“狂”》的论文，他在文章中指出芭蕉的艺术中存有悖论。然而，正因为芭蕉能将悖论贯彻到底，所以他的艺术才能散发出耀眼的光芒。

实际上，松尾芭蕉的俳谐中的确存在多重悖论。对于芭蕉来说，只有走出日常生活的价值体系，诗歌的世界才得以成立。正如“逆众”一语所示，他的俳句悖逆于普世的价值尺度。从这层意义上来说，他的俳句是具有“狂”的性质的俳句。他的俳句既意味着从世俗价值的束缚中挣脱出来获得自由，同时这自由又强烈要求他凝心、责诚。从这个意义上来看，风雅就是执着，就是妄执。但另一方面，“诚之风雅”正因如此才得以开拓出新的美的世界。不仅如此，从“得遂，风情终被草席”中的“得遂”一语可知，芭蕉是权且认同这种执念的。可以说，在这种完全被贯彻到底的生活方式中，我们甚至能发现芭蕉的某种安逸。

“浮云无住”的境界

本文开篇引用了《野曝纪行》的俳句“荒野曝白骨，秋风萧瑟浸我身，心中不动摇”。此句不仅表达了芭蕉哪怕死在路上成为一堆白骨、任凭雨打风吹也在所不惜的坚定决心，还表现了寒冷的秋风浸透身体时，芭蕉心中的寂寥感和不安。这种不安使得不怕死的觉悟显得更加严肃认真。

与之相比，《笈之小文》中被特别放在开篇处的俳句“初冬初阵雨，惟愿路人唤我时，称名作‘旅人’”，则确切表明了初冬阵雨时一人行旅的孤寂和不安。就像从《赤册子》中“将心之勇摇进句之态”一句所能读出的那样，在这种不安中能够感受到芭蕉行旅的决心，但同时此处也有被“魔心”所缚、即便身披草席也在所不惜的疯狂。芭蕉并非一味被孤寂和不安所囚，他拉开了距离去审视那个抱着这种想法的自己，并肯定地接受了处在这一状态的自己。

“疯狂”一词具有单单一个“狂”字所没有的轻快。虽说是

“狂”,但芭蕉似乎是从超越“狂”的位置去看它。执着自是执着，但那“执着”却露了底，芭蕉甚至能将脚伸到“无执着”的地面。芭蕉似乎享受着这样的境遇。

元禄四年（1691）正月，近江膳所的门人水田正秀等人想在义仲寺为芭蕉建一草庵，但芭蕉在给水田正秀的信中说道：“总之拙者大望浮云无住之境界，故如此漂泊……觉暂时驻足之所乃蜘蛛网之风间（被风毁坏的瞬间）也。”“浮云无住”充分体现了芭蕉的这种境界。

可以说，在看到贯穿了西行的和歌、宗祇的连歌、雪舟的画、千利休的茶的“贯道之物”之前，松尾芭蕉首先看到的是浮云无住的境界。

终 章　西田几多郎的日本文化论

——世界主义的视角

一、在时代的洪流中

西田的"日本文化"论

在我执笔本书时所参考的文献中有西田几多郎[171]的《日本文化的问题》一书。毋庸讳言,西田几多郎运用"纯粹经验"和"场所"等思想确立了自己独特的哲学，为日本哲学发展做出了巨大贡献。但是不知从何时起，他开始对"文化"问题产生了浓厚的兴趣。例如昭和九年（1934）他发表了论文《从形而上学的立场来看东西古代的文化形态》，1938 年他在京都大学进行了题为《日本文化的问题》的演讲，并以此为基础完成了《日本文化的问题》一书，作为"岩波新书"丛书之一于 1940 年出版。

这本书并非直接谈及本书所讨论的日本诗歌、戏剧以及宗教的历史，而是以西田自己的思想为基础，论述应该从怎样的视角来讨论西方文化与东方文化或日本文化的关系，在思索文化的发展时应该把什么作为问题，等等。从这个意义上说，它虽不直接涉及本书内容，但我却在思考为什么要讨论日本文化、从哪个角度论述日本文化等问题时从中得到了许多启发。所以在本书的最后一章，我想谈一谈西田的“日本文化”论。

有的文化和无的文化

正如前文所述，西田从晚年开始接触“文化”问题，并对其进行了反复的讨论。而“文化”问题最初进入西田的视野，是在他思想发展的中期，特别是在《从作动者到观看者》(1927年)中论述“场所”问题的时期。该书的序如是说：“有形式、善形成并绚烂发展的泰西文化中，无疑有着许多可崇尚、可学习的东西，但几千年来孕育我等祖先的东方文化根柢中，不也潜藏着观无形之形、听无声之声的东西吗？我们的心渴求如此之物，不能自已。而我想为这样的渴求赋予哲学依据。”

从他的话中我们可以知道，西田一开始关注的是相对于西方文化的东方文化特征。而关注这类问题的背后原因则是西田曾将“场所”解释为“无”。可以说，他是将“场所”叠压在了东方传统思想所言说的“无”，特别是禅宗所言说的“无”上，并以此来理解“场所”的。

在《从形而上学的立场来看东西古代的文化形态》(收录在

《哲学的根本问题续编》）一文中，西田对西方文化和东方文化加以对比，指出它们最大的差异，即西方文化是“把有看作实在的根柢”，而东方文化是“把无看作实在的根柢”。西田说，所谓西方文化，正如前面“有形式、善形成”一语所表达的那样，是重视具体有“形”之物的文化。与之相对，东方文化的特点则是重视“形”产生以前的东西，即“无形”“无声”。

西田就是这样用“无”来表述东方文化特征的。当然，他并非只看到了同一性，他也注意到了其中的差异。西田指出，印度的“无”的思想具有很强的“知的”性质，而中国“无”的思想则具有强烈的“行的”性质。与之相对，西田则从“情的”角度来看待日本“无”的思想。他这样描述它的特征：“我国文化自古以来就受到支那文化、印度文化的影响，之后日本佛教兴起，我国文化就变成了情的东西。”

关注日本文化

《从形而上学的立场来看东西古代的文化形态》一文虽注意到了印度、中国与日本文化的不同，但这种文化问题的论述基本上还是在“东方对西方”的大框架下进行的。西田虽然在昭和十三年（1938）的演讲《日本文化的问题》中继续讨论了以上问题，但在1937年的演讲《学问的方法》、本文提及的《日本文化的问题》一文以及1940年的《日本文化的问题》一书中，如题目所示，较之“东方文化”，他更多时候将焦点对准在了“日本文化”上。例如他在《学问的方法》开篇处说：“我们……无论到哪儿都应汲取并发展世界文化。但是，我们并不只是永远地汲取和消化西方文化，我们还必须以几千年来孕育我们的东方文化为背景来创造新的世界性的文化。”

再比如，在《日本文化的问题》中他说：“日本精神是什么？今后应如何发展？”从他的语言和设问中可知，他在这些演讲和新书中已经把“日本文化”的问题或“日本精神”的问题摆在了面前。当西田将目光投向“日本文化”“日本精神”时，时代发展的方向正在发生巨大的变化。

1931年前后的思想变化

正如诸多学者指出的，以昭和六年（1931）满洲事变[172]爆发前后为分水岭，日本思想界发生了巨大变化。

大正末至昭和初期，拥护宪政运动[173]非常活跃。随着《普通选举法》的颁布，无产阶级成为一股巨大的政治力量，社会运动随之蓬勃发展。但是另一方面，由于受到1927年金融危机、1929年世界经济危机的影响，日本经济萎靡不振，日本政府和军部急于打进中国，为日本经济开辟新的道路。

随着社会运动的蓬勃发展，社会主义思想深入人心，无产阶级文学运动也得到了迅猛的发展。但从满洲事变前后起，这场运动遭到镇压，由此带来的压力也波及了奉行自由主义的学术研究。1933 年，京都大学法学部教授泷川幸辰被开除公职（所谓泷川事件），1935 年美浓部达吉的“天皇机关说[174]”受到攻击。

日本因对外扩张政策而在世界上陷入政治孤立（1933 年退出国际联盟）的局面，但与此同时，日本却急迫地想要确立一种思想以作为这种政策的后盾。其先驱是纪平正美的《日本精神》（1930 年）、鹿子木员信的《日本精神的哲学》（1931 年）等。1934 年前后，许多关于“日本精神”“日本主义”或“日本特色”的论文和著作出版。1933 年，杂志《理想》推出特辑《走向日本精神》。次年，杂志《思想》也推出特辑《日本精神》。

时代之下的西田

当西田以《学问的方法》《日本文化的问题》等为题进行演讲，进而出版专著《日本文化的问题》时，他正处在一个高呼“日本精神”“日本主义”的时代。

在进行这些演讲的 1937 年和 1938 年，日本军队以卢沟桥事件为契机，将战线从华北扩大到华中、华南地区。而日本国内，东京大学的矢内原忠雄对这一侵华行径进行了批判，他也因此被开除公职。大内兵卫、有泽广巳等劳农派大学教授，以及荒畑寒村等社会活动家试图结成人民战线，但均被检举（人民战线事件）。

学术自由、个人权利就像这样遭到国家力量的打压。面对这样的状况，西田在书信中多次慨叹“以书作壁”的时代复辟了（1937年写给堀维孝的书信等）。这样的说法无疑是源于“焚书坑儒”的故事。秦始皇害怕人们批判政治而“焚书坑儒”，但人们却将书藏进墙壁保护起来。

在当时，如果你不鼓吹“日本精神”，那么你就不能自由地公开发表意见。西田在京都大学进行《日本文化的问题》演讲时说：“今天无论怎么谈这个世界都是错的，甚至连‘世界’这个词都不许用了（现场发出笑声）。”这次演讲的记录在同一年作为“京大学生课丛书”之一得以出版，其中还插入了“（现场发出笑声）”这样的记录。大学里还是有些自由的，他们可以对西田揶揄这一时代潮流的话产生共鸣，并因此发笑。

西田对时代潮流的态度

西田就这样站在了“日本主义”“日本精神”甚嚣尘上的时代之中。但是，西田并没有轻易被这时代洪流所吞没。

如前所述，在《学问的方法》《日本文化的问题》演讲中，西田虽然讲到了“日本精神”，但他是有所保留的。比如他在《日本文化的问题》演讲中说，今天的课题是“在与外部的世界性文化发生碰撞的当下，我们该怎样吸收和消化世界文化？对世界文化又该采取怎样的态度呢？”之后他主张说：“关于这一点，最普通的想法就是用日本精神去消化西洋文化。但是……这种人有种名为日本精神的特别东西……他们试图以此为中心来统合外国文化。这种方法恰好就像蓑衣虫找来叶子把自己卷在里面（现场发出笑声）。我认为这是最为浅薄的、最不好的想法。”

这段话表明，西田对那些毫无根据、武断地主张“日本精神”的人采取了明确的批判态度。他明确表示，正如他曾经主张的那样，利用“和魂汉才”或“和魂洋才”的方式，以“日本精神”来包裹西方文化，这种做法是不能吸收和消化西方文化的。西田从那些试图用“日本精神”囊括、超越西方近代科学的人身上总结出了这种典型的做法。在演讲《日本文化的问题》时，他这样说道：“在今天最流行的词语中，‘日本科学’是一个浅薄、轻率的词。虽然加上了‘日本’这一前缀，但这学问并未因此而不同（现场发出笑声）。”

与时代潮流的对决

西田在演讲中这样明白无误地揶揄、批判这个时代的风潮。

然而在公开场合或著作、论文中直接评论国家、政治或时局，这是他以前几乎从未做过的事。

但是这绝不意味着西田不关心国家、政治等问题。西田一直很关注日本的政治动向，这一点从他的日记和给友人的书信中就能知晓。但对于是否在公众场合公开这些见解，西田是极其谨慎的。也许他觉得，这不是他分内的事，而且就算表明这些见解，实际上也不能期待它有可能变革时代。

比如昭和十年（1935）10月，天皇机关说事件刚刚爆发，陆军内部皇道派和统制派的争斗使得军务局长永田铁山被暗杀，引发相泽事件。西田在给弟子之一的日高第四郎的信中这样写道："如今法西斯当道，真正客观、深远地思考我国未来的方式并不是从一开始就徒劳地、性急地、如有洁癖一般地与之战斗，而是想方设法隐忍一时，并为逐渐恢复中正而付出努力。"与其与法西斯正面交锋而被打压，不如忍耐一时，等待"恢复中正"的机会，这似乎就是西田的基本态度。

但是，时代的走向不容许西田平静地忍受法西斯的狂潮。转折发生在1935年11月，西田被迫接受文部大臣咨询机构——"教学刷新评议会[175]"委员一职。之后在1937年，西田进行了前文所述的日本诸学振兴委员会主办的演讲《学问的方法》。第二年，在近卫文麿的政治智囊之一的后藤隆之助成立的昭和研究会上，西田进行了题为《从西方哲学看东方哲学的特征——对国家哲学的思考》的演讲。另外，西田还在京都大学以《日本文化的问题》

为题进行过演讲。

如前所述，西田并不是一个积极公开自己的国家论和政治论的人。可以说，忍受法西斯的狂风骤雨就是他的基本态度。但是，当日本扩大战火，开始朝不可挽回的方向一步步迈进时，他开始认真思索国家、政治应有的形态，并产生了尽力改变现实政治走向的想法。

1937 年 11 月，西田写给曾经的京都大学同事和辻哲郎的信件成为了透露这一变化的线索。西田在信中说："总觉有股巨大的 undercurrent（暗流）在汩汩流淌，我们总有一天会被这股暗流所裹挟。虽然一开始有所察觉，并选择不站出来，这样也是明智的，但我认为不管怎么说，上阵杀敌，死而后已，这也是一种义务。"此时西田的态度，与两年前等待"恢复中正"机会的态度大为不同。

从给和辻哲郎的书信中可以知道，西田并不想推动时局这样发展下去，他反而想与之战斗。而且西田明确地知道，这场战斗根本没有胜利的希望，但即便如此，西田仍然秉持着必须战斗的义务感。可以认为，西田之后在公开场合关于国家、政治问题的发言均是出于这样的思考。

二、为了创造世界文化

“世界历史”的舞台

在《学问的方法》演讲中，西田说：“今天的日本，已经不是孤立于世界历史舞台之外的日本。我们已经站在了世界历史的舞台上，我们的今日就是世界历史的今日。”所谓“已经站在了世界历史的舞台上”是说，如今所有国家都只能存在于与其他国家的紧密联系中，并与其他国家共有这个时代。西田对排斥其他、宣扬日本精神的唯一性、只夸大日本文化特殊性和优越性的狭隘民族主义表达了明确的反对态度。这样的态度正是出于他的历史认知和现实认知。

“今天，世界已变得具体，它不再是抽象的、概念性的了。世界已然‘瑞尔’。”这是西田在京都大学演讲中的话。他用“瑞尔”(real)，即“现实的”一词来说明，“世界”，进一步来说是“世界历史”这一“舞台”已然开始具有现实意义。

西田坚信，目前的情况要求我们做的，不是封闭在自身的特殊性之中，而是面向世界开放自身，对世界文化的发展做出贡献。西田在《日本文化的问题》演讲中这样说：“日本在世界上仅仅依靠特殊性，仅仅依靠尊重日本式的东西是行不通的，那里没有真正的文化……也就是说，靠自家用的文化是行不通的，我们必须亲自创造出世界性的文化。我想这才是最紧要的。”

这里使用了“自家用”一词，简而言之，该词是说仅仅值得对内夸耀的“日本式”的文化不能说是“真正的文化”。西田坚信，即便不是这样，当谈及“日本精神”时，它也必须具有“世界性”意义。如果不是用这样的方式讨论，那么谈论它就没有意义。

构筑基于严密方法的理性学问

那么，“日本精神”变成“世界性的”，这是怎样一种事态呢？可以说，这才是西田在《学问的方法》演讲中试图讨论的问题。关于这一点，西田如是说：

> 所谓日本精神无论到何处，都应该是空间性的，应该是世界空间性的，这是怎么一回事呢？答案是，无论到何处它都必须是学问的，是理性的，不能是因感情而排斥理性的，不能是独断的。它必须依据严密的、学术上的方法形成概念。它必须是有理论的。所谓学问的方法，就是将时间上的自己映射在空间上的镜子中来观看（死而后生）。日本精神无论到何处都必须有自我批评。

西田从这个角度来看待日本精神传统中最大的“弱点”，即日本精神传统没有作为“学问”发展起来，换言之，日本精神传统中没有作为构筑在严密的、学问的方法基础上的理论而展开。从这一观点出发，西田要求日本精神传统将自身映射在“空间上的镜子里”，也就是说，通过与异质文化的对决以及对话，来明确日本精神传统的不充分性（“自我批评”）。

可以说，这是一种与片面主张日本文化特殊性和优越性相对立的态度。即便要谈精神的问题，关注的也不应该是传统中已成“遗物”的精神，而必须是“活着的并发挥作用的精神”，这才是西田在《学问的方法》中想要说的。

世界性文化的创造——站在多元文化主义的立场上

前面引用西田的话说，“最紧要的”不是“自家用的文化”，而是“创造世界性的文化”。而创造世界性文化与刚才论述的课题又是紧密结合的。西田认为，如果赋予日本文化传统以客观基础，并想使其成为一种学问的话，那么“特殊”就不应该停留在“单纯的特殊”层面，而应作为“一般的特殊”与其他“特殊”相互影响，而非相互排斥。换一种说法就是，西田认为，必须建立一个可以相互开放的场所。

西田在《学问的方法》演讲中这样说：“我们深入西洋文化的根底，并充分把握之；同时更深入东洋文化的根底，在其深处把握与西洋文化不同的方向。我想我们也许因此能够弄清人类文化本身广而深的本质。这不是利用西洋文化来否定东洋文化，也不是利用东洋文化来否定西洋文化，更不是任何一方把另一方包裹其中，而是通过挖掘出比从前更加精深博大的根底，来使两者共同熠熠生辉。”

可以说，这里体现的不是狭隘的文化中心主义，而是西田对于多元文化主义的畅想，是认同各自文化有各自可能性的畅想。西田虽然从这一观点出发去批判将西洋文化当作普世文化的立场，但从本文可以清楚地看到，这种批判并不是片面地宣扬自己国家文化的优越性。在此，这种观点也被明确地相对化了。

文化的个性

我们必须注意的是，西田虽然将西洋文化以及自己的文化相对化了，但他并没有陷入所谓的相对主义立场。相对主义为了强调各自文化框架中的独特性，而对不同文化间相互理解的可能性屡屡采取极其消极的态度。但西田没有陷入这种意义上的相对主义，他甚至看到了不同文化相互给予创造性影响的可能。

如果用一般与特殊的说法来说，西田虽然否定停留在“单纯的特殊性”立场，并主张创造“世界性的文化”，但这并不是抽象地谈论普世文化的形成。西田在《从形而上学的立场来看东西古代的文化形态》一文中说："可称为历史现实世界自觉性内容的文化原本就不是单一的。失去特殊性，就是失去'文化'。"

由此看来，西田并未将创造"世界性的文化"视为特殊性的丧失，而是将其理解为以"个性"为基础的文化的自我形成。这种观点的背后，是西田对于文化的基本理解，即文化只有在各自的历史中才得以形成。他在为三枝博音编辑的《日本哲学全集》写推荐词时说："没有历史基础，就没有文化的发展。文化不是单纯的模仿，文化必须是从历史基础中产生出来的。"西田认为，封闭在过去会使精神变成"死物"，与此相通，缺失基础的单纯模仿也不具备发展的动力。

通往对话的路

如上所见，西田在日本文化相关方面特别强调，在世界"已然瑞尔"的情况下，现在要做的不是封闭在自己的特殊性中，而是面向世界开放自身，为世界文化的发展做出贡献。这也是对各自文化具有各自可能性的认同。这里开辟了一个可以遇到各种各样文化的开放场所。在这个场所中，以"个性"为基础，相互影响，构筑丰富的文化，这才是西田"创造世界性的文化"一语想要表达的内容。

在将目光投向日本文化时，本书循着"何谓'个性'"这一问题探讨了日本诗歌、艺术、宗教历史的问题。首先可以指出的，“个性”就是支撑日本文学和宗教的人们对于无常的深刻思考。这在本书所述的西行、亲鸾、吉田兼好以及宗祇、世阿弥、松尾芭蕉身上都能看到。例如，芭蕉所用的“幻之栖”一词就很好地体现了这一点。我们只不过是在现世这个临时的栖居之所暂住一时而已。不仅是他们，这种思考在整个日本文艺、思想、宗教界中一直作为通奏低音回响不绝。

对无常的思考，以及以此为背景的特有的审美意识，是这些人身上所共通的东西。世阿弥是最关注“花”的人，但另一方面，他又将“萎”置于更高的位置。世阿弥似乎从中看到了毁灭时伴随着悲哀的美。茶道继承了能剧、连歌的审美意识，也追求“冷枯”的美。同样，芭蕉的“闲寂”也是如此。他们在否定积极价值之处所发现的些微的美中看到了终极的美。芭蕉从西行、宗祇、千利休等人身上找到的“贯道之物”，就是这样的审美意识，就是追求美的姿态。芭蕉为了感受这种美（物之“微”）而抛弃一切执着的东西，只携一杖一钵踏上旅途。他想委身于自然的变化，去倾听大自然的声音。

本书尝试通过回顾这些诗歌、艺术、宗教的历史来描绘日本文化的“自画像”。正如序中所言，这是因为现在这个时代有着这样的强烈意识，即文化与文化、民族与民族、宗教与宗教之间的鸿沟开始向越来越深的方向发展。这种状况要求我们互相承认各自担负着各自的历史和文化，并展开对话，尊重彼此。此前我们也曾接触过不同的文化，并受其刺激而丰富自身文化，但我强烈地意识到，现如今我们更需要去接触不同的文化，并以此来丰富我们自己的文化，这就是我写作本书的背后原因。

我们正受着国际化浪潮的洗礼，我们变得惟欲望马首是瞻，永远追求着欲望的满足。接触吉田兼好、世阿弥、西行等人对无常的思考，以及以此为背景的审美意识，或许会成为我们改变生活方式、重新审视自己的契机。这或许会成为我们与担负不同历史、文化的人进行对话的基础。在这一方面做出微薄贡献，正是我所期待的。

后　记

笔者此前主要从事哲学领域的工作，但西行、亲鸾、芭蕉等人却总是围绕在我的身旁。西行 69 岁时第二次踏上陆奥之旅。途中，他气喘吁吁地越过东海道的难所、小夜（佐夜）的中山山口；亲鸾 85 岁时仍咏出“以虚假不实之我身，更无清净之心”的诗句，自觉心底还有深深的晦暗，并发出慨叹之语。这样的西行和亲鸾就萦绕在我的身旁，我一直想与他们以及他们的生活方式正面相遇。这本书终于让我实现了这个愿望。

虽然以前做了很多有关日本哲学的工作，但那时总有一种说不清道不明的感觉。Philosophy 这个词在日本被分别用来表示哲学和思想。哲学和思想，或者说哲学史和思想史二者是“分栖共存[176]”的。关于原因，我想借其他机会再谈。在此，我只想说，如果把思想（史）从哲学（史）中排除的话，哲学（史）就会变得极其贫乏。哲学当然应该在“哲学”这一学术框架中讨论，但我认为，如果将涵盖哲学、支撑哲学的东西也考虑进去的话，这样不就能描绘出丰富的哲学史画像来了吗？我以前就是站在这样的角度来研究日本哲学的，但是这次我想把焦点放在文学、艺术、宗教上，循着日本文化的历史来描述它的特征。这次的成果正是来源于这样的目的。至于我是否真的刻画出了这些特征，还要交由读者判断。

我曾在岩波新书出版过《西田几多郎——生存与哲学》（2007年）以及《哲学的启发》（2013年），这两本书的出版都曾得到过岩波书店编辑部古川义子先生的帮助。

在执笔著书时，我经常感到纠结，总会因为不能很快找到合适的表现手法来将想法传达给读者而彳亍不前。这次虽然也出现了这种状况，但古川先生给了我许多帮助。他给了我许多合理的建议，比如要想清楚地传达意图，最好采取这样的结构，最好使用那样的表现方式，等等。在与古川先生多次交流后，我终于完成了这本书。从这个意义上来讲，这本书是名副其实被创造出来的。为此我万分喜悦，请允许我以这样的感激之情结束本书。

藤田正胜

2017年7月

附 录

译　注

1. 宗祇（1421—1502），室町时代后期连歌师。年轻时入京都相国寺，30 岁左右致力于连歌创作。

2. 雪舟（1420—1506），室町时代画僧。在京都相国寺修行，随周文学画。1467 年赴明，学水墨画。回国后，住周防云谷庵。其画风雄浑，富有个性，对后世影响巨大。

3. 利休，即千利休（1522—1591），安土桃山时代茶人，千家流茶道创始人。建草庵风茶室，集简朴清净茶道之大成。

4. 风雅中物，指俳谐。

5. 夷狄，此处指未开化的野蛮人。

6. 在原业平（825—880），平安时代初期歌人，歌风热情。六歌仙之一，也是三十六歌仙之一。阿保亲王第五子。《伊势物语》的主人公。

7. 惟乔亲王（844—897），文德天皇第一子，母为纪静子。虽受父皇宠爱，但因母亲不是藤原氏，因此不能继承皇位。历任大宰帅、弹正尹、上野大守等。后隐居比睿山。

8. 交野，大阪府交野市西北到枚方市的台地。平安时代是皇家的狩猎场。

9. 渚院，据说现大阪府枚方市渚元町的观音堂是其遗址。

10. 藤原道长（966—1027），通称御堂关白。先后将三个女儿立为皇后，成为三代天皇的外戚，作为摄政独揽朝纲，使藤原氏的权势达到鼎盛。1019 年出家，法号行觉，建法成寺。

11. 藤原赖通（992—1074），藤原道长长子。后一条天皇、后朱雀天皇、后冷泉天皇三代天皇的摄政、关白。建平等院凤凰堂。晚年出家。

12. 藤原北家，藤原四家之一。藤原不比等的女儿光明子被立为圣武天皇的皇后。其四个儿子分为南家、北家、式家、京家。北家最有实力，多人担任摄政、关白、太政大臣，藤原道长时达于全盛。

13. 平将门之乱，平安时代中期于关东地区发生的内乱。平将门（？—940），武将。939 年发动叛乱，一度占领关东地区，自称新皇。940 年被平贞盛、藤原秀乡平定。

14. 藤原秀乡，生卒年不详。平安中期东部下野国的豪族，下野守。

15. 闲院流，藤原北家始于藤原公季的支系。

16. 知行国，日本古代、中世时期，由贵族、神社、寺院或武家掌控、行使执行权并从中获取利益的特定令制国。令制国是以律令制为基础的日本地方行政区划的一种。

17. 德大寺实能（1096—1157），平安末期公卿。也叫藤原实能。其父是权大纳言藤原公实。其母是但马守藤原隆方之女光子，也是堀河天皇、鸟羽天皇两天皇的乳母。历任权中纳言、近卫大将等，至从一位左大臣。

18. 御所，此处指天皇、三后（太皇太后、皇太后、皇后）、皇子、亲王等人居住的场所。

19. 北面武士，在太上皇御所北面负责警卫的武士。白河上皇时创设，直属太上皇，是支撑院政的重要武装力量。白河天皇（1053—1129），第72代天皇，1072—1086年在位。让位后成为太上皇，开创院政，之后掌握朝政43年。

20. 平清盛（1118—1181），平安时代末期的武将。他借助其父的地位和财力进入政界，官至太政大臣，从一位，确立平氏政权。

21. 意思是“憧憬，让人陶醉”。

22. 源赖朝（1147—1199），镰仓幕府第一代将军。

23.《吾妻镜》，由镰仓幕府的家臣编纂的编年体史书，记录了1180—1266年的史事。共52卷。

24. 治承之乱，由源平二氏相争波及全国的内乱。始于1180年（治承四年）各国源氏接受后白河天皇之子以仁王的令旨起兵反对平氏政权，终于1185年（文治元年）坛浦（今下关市）之战，平氏灭亡。也叫治承寿永之乱。

25. 鹤冈八幡宫，位于今神奈川县镰仓市的神社。

26. 御所，因鹤冈八幡宫供奉的是应神天皇、比卖神、神功皇后，因此称御所，指宫内。

27. 折节，指时节、时候。

28. 申，表示自谦的语气。

29. 藤原定家（1162—1241），平安末期、镰仓初期歌人、和歌学者。编纂和歌集《新古今和歌集》《新敕撰和歌集》《小仓百人一首》等。歌风华丽妖艳，代表了新古今调。著歌论《近代秀歌》《每月抄》，日记《明月记》，家集《拾遗愚草》等。

30. 慈镇，慈圆（1155—1225）的谥号。镰仓时代初期天台宗僧人，著名歌人。

关白藤原忠通之子，九条兼实之弟。四度为天台座主。著有《愚管抄》、家集《拾玉集》等。

31. 后鸟羽院，即后鸟羽天皇（1180—1239），第82代天皇，1183—1198年在位。1198年让位给土御门天皇，自己作为太上皇实行院政。多才多艺，擅蹴鞠、琵琶、筝等，尤擅和歌，著歌集《后鸟羽院御集》、歌论集《后鸟羽院御口传》等。院，指太上皇、法皇、女院或其谥号。

32. 鸟羽天皇（1103—1156），平安末期天皇，第七十四代，1107—1123年在位。

33. 中宫，皇后的居所，也指皇后。平安中期以后，也指与皇后几乎同级的妃子。

34. 崇德天皇（1119—1164），第七十五代天皇，1123—1141年在位。鸟羽天皇长子。后在鸟羽上皇压力下让位给近卫天皇。鸟羽法皇死后，他与后白河天皇争位，发动保元之乱。失败后被流放赞岐（今香川县）。

35. 藤原璋子（1101—1145），鸟羽天皇皇后，生崇德、后白河两天皇。待贤门院是其院号。

36. 藤原显辅（1090—1155），平安末期歌人，歌风优丽温雅。正三位左京大夫。受崇德上皇之命编纂《词花和歌集》，著有家集《左京大夫显辅卿集》。

37. 以仁王（1151—1180），后白河天皇之子。1180年与源赖政策划讨伐平氏计划，并自称最胜亲王，向各国源氏发出举兵的令旨。然而计划泄露，在逃亡奈良途中，于山城国光明山鸟居前战死。

38. 源赖政（1104—1180），平安末期武将。保元之乱时支持后白河天皇，平治之乱时加入平清盛一方。叙从三位。1180年奉以仁王之命举兵，后败亡。擅和歌，有家集《源三位赖政家集》。

39. 宇治川，流经京都府南部的河流。发源于琵琶湖，上游叫濑田川。流经宇治市的一段叫宇治川。在大山崎町与木津川、桂川汇合为淀川。

40. 近江，日本旧国名，今滋贺县。

41. 源范赖（？—1193），平安末期、镰仓初期的武将。助其兄源赖朝起兵，与其弟源义经一起追讨源义仲和平氏。后被源赖朝流放，在伊豆修禅寺被杀。

42. 源义经（1159—1189），平安末期、镰仓初期的武将。平治之乱后与其母避难鞍马寺，后寄身奥州藤原秀衡处。1180 年闻其兄源赖朝起兵，前来加入。参与讨伐源义仲、平氏的战斗。后得后白河上皇信任，与源赖朝不和，逃到奥州。藤原秀衡死后被杀。

43. 木曾义仲，即源义仲（1154—1184），平安末期武将。1180 年响应以仁王令旨，在木曾举兵，将平氏赶出京城。后与源范赖、源义经军交战，败亡。

44. 尊圆入道亲王（1298—1356），伏见天皇之子。1308 年入青莲院，翌年在大成院剃度出家，法号尊圆。曾四度为天台座主。擅书法，开青莲院流（御家流），亦擅和歌。编著《入木抄》《门叶记》等。

45. 私家集，个人和歌集，主要指江户时代以前的和歌集，既有自选也有他选。

46. 寂莲（1139？—1202），镰仓初期歌人。俗名藤原定长。后出家。著歌集《寂莲法师集》。

47. 河内，日本旧国名，相当于今大阪府东南部。

48. 比睿山，跨京都市和大津市的山。有两座山峰，东边的大比睿海拔 848 米，西边的四明岳海拔 839 米。山上有天台宗总本山延历寺。

49. 歌合，日语词，“歌战”“赛歌”之义。

50. 上人，指西行。

51. 回心，在净土宗中指改变对自力的信仰，信仰他力。

52. 怀奘（1198—1280），镰仓中期曹洞宗僧人。号孤云。藤原氏出身。先为比睿山僧人，后师事道元。道元死后，为永平寺第二世。著《正法眼藏随闻记》等。

53. 今样，即今样歌，受和赞、雅乐等影响，产生、流行于平安中期到镰仓时代的新民歌，多由 7 音、5 音 4 句的形式构成。由歌女、妓女等演唱，也在贵族间流行。

54. 越后，日本旧国名，相当于今天除佐渡岛外的新潟县全境。

55. 大伴旅人（665—731），奈良时代前期歌人，《万叶集》编纂者大伴家持之父。728 年左右任大宰帅，驻九州岛大宰府，两年后任大纳言，回京。文武俱佳，有汉诗、和歌收在《怀风藻》和《万叶集》中。

56. 大宰府，律令制下负责管辖九州及壹岐、对马的机构，也负责外交和海防。

57. 因生病，身体不适而推背摩腹；因病痛而皱眉，龇牙咧嘴。

58. 与幻住庵的名字相同。松尾芭蕉晚年在大津石山寺西边的国分山结了一间草屋，取名幻住庵。参看第五章。

59. 南北朝时代，日本自建武三年，即延元元年（1336）后醍醐天皇于吉野山中开创南朝，至元中九年即明德三年（1392）后亀山天皇回归京都为止的约 60 年间，分裂成京都（北朝）和吉野（南朝）两个朝廷的时代。

60. 伊豫国，日本旧国名，今爱媛县。

61 陆奥，日本旧国名，相当于今天的青森、岩手、宫城、福岛四县全境以及秋田县一部分。1868 年将其拆分为磐城、岩代、陆前、陆中、陆奥五国。此时的陆奥为青森县全境和岩手县一部。

62. 歌枕，被吟咏在和歌中的名胜古迹。

63. 能因法师（988—？），平安中期歌人。俗名橘永恺。初为文章生，后出家。著歌学著作《能因歌枕》、私撰集《玄玄集》、家集《能因法师集》等。

64. 洛北，洛即古代日本都城京都的代称。洛北，即京都北部地区。

65. 《十训抄》，故事集，3 卷。一说为菅原为长编，一说为六波罗二藹左卫门入道编。1252 年成书。分十项，收录了包括中国故事传说在内共 280 多个有教育意义的故事。

66. 目崎德卫（1921—2000），日本文化史学者，圣心女子大学名誉教授。

67. 雅好，原文是"数寄"（すき）。

68. 指托钵化缘之事。

69. 栖，栖息，指住草庵之事。

70. 明遍（1142—1224），平安后期—镰仓时代僧人。在东大寺学三论，在大和光明山遁世。后皈依法然，专修念佛。

71. 无住一圆（1226—1312），日本临济宗僧人。敕谥大圆国师。著作甚丰，《沙石集》最为著名。

72. 常州，常陆国的别名。常陆，日本旧国名，今茨城县东北部。

73. 僧都，僧纲之一，地位次于僧正，后分为大僧都、权大僧都、少僧都、权少僧都四级。僧纲，中央政府负责统辖僧尼、管理各寺院的官职。日本始于 624 年，定僧正、僧都、律师三纲。平安后期流于形式，后用来表明各派僧侣的身份地位。

74. 高野圣，以高野山为中心、周游各国、劝人信佛的游方僧人。平安中期以后，也指隐居高野山修行的僧人。

75. 清少纳言，生卒年不详。平安中期的女性文学家。代表作有随笔《枕草子》、家集《清少纳言集》等。

76. 增贺（917—1003），平安中期天台宗僧人。在比睿山随良源修显密，遍游各国。963年入多武峰隐居修行，著有《玄义钞》等。

77. 西尾实（1889—1979），日本国文学者、国语教育家，曾任日本国立国语研究所第一代所长，著有《日本文学的美的理念·文学评论史》《西尾实国语教育全集》等。

78. 徒野，京都市右京区嵯峨小仓山麓的原野，中古时曾有火葬场。

79. 鸟部山，也写作鸟边山和鸟边野，位于京都市东山区，平安时代中期起成为火葬场和墓地。

80. 物之哀，或物哀"物の哀れ"（もののあわれ），平安时期文学审美理念，是在心底自然生发的对审美对象的感触、感动，即所谓触景生情。这种涌动的情感中多会带有些许淡淡的哀感。

81. 诚之道，真正的佛道。

82. 本自《摩诃止观》："第四息诸缘务者。缘务妨禅，由来甚矣。"又："缘务有四，一生活，二人事，三技能，四学问。"

83. 徒然，在日语中指无所事事、闲极无聊的孤寂心境。

84. 大和猿乐，猿乐也写作"申乐"，日本古代、中世盛行的表演艺术形式。由从中国传来的散乐和日本固有的模拟滑稽表演和歌舞表演构成，表演内容多样，也包括杂耍、幻术、魔术等。平安末期开始具有故事情节，镰仓时代加进了类似音乐剧的元素，室町时代初期形成台词剧加歌舞表演的形式，成为现在能剧的雏形。猿乐中侧重滑稽模拟的台词剧形式的，发展为后来的狂言剧，侧重于歌舞和正剧内容的，发展为后来的能剧。大和猿乐，即以大和国（今奈良县）为中心活跃的猿乐。

85. 结崎座，大和四座之一，后改为“观世座”。座，即平安时代至战国时代工商业者或艺人组成的团体。

86. 谣曲，能剧的台词、脚本。

87. 一谷之战，1184 年源义经、源范赖率军与平氏军队在摄津一谷相遇，最终平氏大败、势力衰落。

88. 梶原景李，平安时代末期、镰仓时代初期的武将。追随源赖朝，与其父一起成为镰仓幕府有实力的御家人。源赖朝死后没落。

89. 平康赖，生卒年不详，平安末期、镰仓初期武士、歌人。擅作今样、和歌，为后白河上皇近臣，任检非违使。参与鹿谷事件，1177 年被流放鬼界岛。翌年出家，法名性照。著《宝物集》。

90. 香西精（1902—1979），日本能乐学者，著有《世阿弥新考》等。

91. 五山文学，镰仓末期到江户时期，由京都五山、镰仓五山的禅僧们创作的汉诗文、日记、语录等汉文学的总称。受中国宋元文化影响而繁荣，代表人物有虎关师炼、雪村友梅、义堂周信、绝海中津等。所谓京都五山，指京都的临济宗五大寺院，各时期略有不同，包括南禅寺、天龙寺、相国寺、建仁寺、东福寺、万寿寺等。镰仓五山指镰仓的临济宗五大寺院，即建长寺、圆觉寺、寿福寺、净智寺、净妙寺。

92. 北山文化，室町时代初期第三代将军足利义满时期的文化，因足利义满的山庄在京都北山而得名。特点是以禅宗为背景的武家文化与公家文化的融合。盛行五山文学、水墨画等。

93. 东山文化，室町幕府第八代将军足利义政时期的文化，因其山庄（银阁）

在东山而得名。

94.连歌，日本古典诗歌体裁，派生于短歌，为俳谐所继承。将短歌上下句分开，由二人问答唱和，然后由在场的人依次将上下句接续下去。

95.足利尊氏（1305—1358），室町幕府第一代将军。

96.足利直义（1306—1352），日本南北朝时代武将，足利尊氏的弟弟。协助足利尊氏建立幕府，后因不和而被毒杀。

97.上方，指京都一带地区。

98.田乐，平安中期开始流行的表演艺术。本是伴随农耕祭祀的歌舞，后来出现了专业的田乐法师。本来是以田乐舞、杂耍等为主，镰仓末期起也表演猿乐能，形成自己独特的田乐能。室町时代后期受到猿乐的压制而衰退，但至今还保存在民俗表演中。

99.新座，指田乐、猿乐中与“本座”相对的新组成的团体。

100.王朝文学，日本王朝时代的文学，特指平安时代的文学，主要指由女性创作的假名文学。

101.《平家物语》，日本镰仓前期的战争小说，作者及年代不详。全书以平家的兴衰为中心，描绘了治承、永寿年代动乱的历史。

102.训点，为便于日本人训读汉文，在汉字行间、字间、字面加注假名或符号。亦指加注的假名或符号。

103.最澄（767—822），日本天台宗开祖，谥号传教大师。先入比睿山，为法华一乘思想所倾倒，创建根本中堂。804年入唐，翌年回国，开创天台宗。

104.表章（1927—2010），能乐研究者，1966年受聘为日本法政大学教授。

105.千生，反复不断的“轮回”。

106.同心，这里是同样的事情，即同样的感动的意思。

107.住，停止。这里指反复重复同样的演技而无变化。

108.指谣曲的唱词不粗俗，不下流。

109.藤原俊成（1114—1204），平安末期、镰仓初期歌人、和歌学者。受后白河上皇之命编纂《千载和歌集》。站在古典主义立场上，确立幽玄理念。著歌论《古来风体抄》、家集《长秋咏藻》等。

110.和歌十体，歌论术语。仿照中国诗学的诗体分类法，将和歌的表现形式分为十类。最初有传为 10 世纪末壬生忠岑作的《忠岑十体》。传为藤原定家作的《定家十体》最为有名，几乎成为镰仓时代和歌批评的基本概念。

111.二条良基（1320—1388），日本南北朝时代歌人、连歌作者。初仕后醍醐天皇，南北朝时仕北朝。1346 年起四度任摄政、关白。著《愚问贤注》《近来风体抄》《筑波问答》等。

112.关白，语出《汉书·霍光传》："诸事皆先关白光，然后奏天子。"在古代日本，天皇年幼时辅政叫摄政，天皇成人后辅政叫关白。

113."萎"的概念是指像花枯萎那样，在美中包含着孤寂、哀婉的情绪。

114.上手，高手、出色。

115.瑞风，依靠天赋能力的风体。

116.老到之位，超越最高境界，几乎可以化非风为是风的艺位。

117.安所，能平稳自如地表演至难之艺的安位境界。

118.趣位，即名人位。

119.不混，纯粹无垢之义。

120.月庵宗光（1326—1389），日本南北朝时代临济宗僧人。在但马国（兵库县）

创建大明寺。谥号正续大祖禅师。著《月庵和尚假名法语》等。

121. 安位，通过不断修习而达到的、能够轻松表演极难之艺的艺术阶段。

122. 意景与态相，指演员的意识、演技等。

123. 无曲无心，没有任何技巧、意识，当场呈现技艺。

124. 本无妙花，达到真无境界而得到的妙花。

125. 以拈花微笑为背景。

126. 源自“本来无一物”。

127. 无形之姿，感觉上不能把握的、超越了形的境界。

128. 忠寻（1065—1138），平安时代后期天台宗僧人，号东阳房。1124 年任权少僧都，1130 年任权大僧都，同年为天台座主。1137 年为大僧正。

129. 梦窗国师，梦窗疏石（1275—1351）的谥号。镰仓末期、室町初期临济宗僧人。著《梦中问答集》等。

130. 《景德传灯录》卷 12:“问:‘如何是高峰孤宿底人？’师曰:‘半夜日头明，日午打三更。’”

131. 游通，自由出入。

132. 佐夜中山，位于静冈县挂川市佐夜鹿。

133. 这首俳句的题目是《在佐夜中山》。

134. 这首俳句的题目是《在水口，经二十年遇故人》。故人，指土芳，时年 29 岁。水口，今滋贺县甲贺郡水口町。

135. 如月，日本对阴历二月的一种叫法。

136. 其味有四，一是李白、杜甫的心味，二是寒山的禅味，三是闲寂与风雅之味。其四是“尽得恋情”之味，引文未出。

137. 奥州，陆奥国的别名。

138. 贞门风，以松永贞德（1571—1653）为中心的俳句流派。充分体现俳谐的本质，多用俗语、汉语，运用缘语、挂词（双关语）等修辞体现滑稽、谐谑的歌风。自宽永（1624—1644）初期起盛行约半个世纪。代表诗人有安原贞室、山本西武、北村季吟等。谈林风兴起后，贞门风被视为古风，逐渐衰落。俳谐，即俳句。

139. 谈林风，以大坂的西山宗因（1605—1682）为中心的俳句流派，盛行于延宝年间（1673—1681）。与贞门风格相反，主张自由轻妙的表现形式，追求诗句的奇拔。代表诗人有井原西鹤、冈西惟中、田代松意等。随着蕉风的兴起，逐渐衰退。

140. 外宫，指伊势神宫的外宫丰受大神宫。

141. 华表，这里指神社的鸟居。

142. 服部土芳（1657—1730），江户前期至中期俳人，松尾芭蕉的弟子，伊贺蕉门的中心人物。编著《三册子》《横日记》《蓑虫庵集》等。

143. 意为白居易为吟诗冥思苦想几乎伤了五脏，杜甫为吟诗而消瘦。

144. 意为白乐天、杜甫是贤人，自己是愚钝之人。文，才华横溢有文采。质，质朴、平凡。

145. 意为因生病，身体不适而推背摩腹；因病痛而皱眉，龇牙咧嘴。

146. 意为与幻住庵的名字相同。

147. 伊达大木户，今福岛县伊达郡国见町大木户。

148. 闲寂，原文是“侘び”（わび，wabi）。枯寂，原文是“寂び”（さび，sabi）。余韵，原文是“撓”（しおり，shiori）。

149. 滨田珍硕，滨田洒堂（？—1737）的别号。江户中期俳人、医生，松尾芭蕉的门人。编著书籍《瓠》（ひさご）、《深川集》《市庵》等。

150. 近江膳所，今滋贺县大津市南部地区，位于琵琶湖南岸。

151. 方丈，一丈见方。

152. 武野绍鸥（1502—1555），室町末期茶匠、富商。随三条西实隆学歌学。随村田珠光弟子学茶道，确立朴茶境界，培养了千利休、津田宗及等弟子。

153. 心敬（1406—1475），室町中期的连歌师、歌人。权大僧都，京都十住心院住持。其歌风追求美与宗教的和谐。对宗祇等人有较大影响。著俳句集《心玉集》《芝草》、连歌论《私语》等。

154. 趣向，俳谐用语，指句子的构思。

155. 雅好道，茶道最初叫“茶汤”（thyanoyu），千利休称其为“雅好道”（sukidou），江户时代初期开始称“茶道”（thyadou）。

156. 奈良茶饭，即在米里加进酱油、酒、豆、慈姑、炒栗子等烧成饭，再佐以煎茶。据说最初为奈良的东大寺、兴福寺等所制。

157. 这段小序的原文是“月をわび、身をわび、拙きをわびて、わぶとこたへむとすれば問ふ人もなし。なをわびわびて”。“わび”（侘び）及其原形“わぶ”在日语中有“闲寂”“清寂”“慨叹，哀叹”“清苦，破败”“失意，落魄”等多种含义。做名词时，还成为俳句、茶道等所追求的美学理念，即舍去奢华、雕饰，在质朴简洁中追求枯淡、闲静、澄澈之趣的“闲寂”。

158. 俳文，具有俳句韵味的短文。

159. 作于1684年冬。在作《野曝纪行》的途中，滞留名古屋，与山本荷兮（1648—1716）、冈田野水（1658—1743）、坪井杜国（？—1690）、加藤重五（1654—1717）（加上松尾芭蕉，并称《冬日》五歌仙）吟咏唱和，并结集。

160. 纸衣，将涩柿子榨出的汁液涂在厚纸上，待干后揉软制成的衣服。最初为律宗僧侣的穿戴服饰，后来也用于旅途上御寒。元禄（1688—1704）年间也流行于妓院。

161. 狂歌之士，指下文的竹斋。

162. 狂句，仿照狂歌而作的俳句。

163. 狂歌，狂体和歌。多以日常身边的事情为题材，诙谐讽刺，用词粗俗。

164. 近藤如行（？—1708），江户前期至中期俳人。美浓（今岐阜县）大垣的藩士。松尾芭蕉的弟子。

165. 空也（903—972），平安中期僧人，天台宗空也派之祖。常立市中，劝市民念佛。无论贵贱，信众甚广，被尊称为阿弥陀圣、市圣。同时他遍游各国，全力投身架桥筑路等社会事业。

166. 道祖神，守护行路人的神。

167. 取物不及手，因想外出行旅而心不在焉，拿取东西，却又不知要拿什么。

168. 意为我得以如愿，为了俳句终于身披草席，出外托钵行乞。风情，这里指俳谐、俳句。被草席，指行乞之事。

169. 物，这里指诗心、诗的精神。

170. 风罗坊，意为如随风翻转的绫罗一般的人。坊，表示亲昵或轻微嘲笑之意。

171. 西田几多郎（1870—1945），日本哲学家，曾任京都大学教授。曾向传统的西方哲学发起挑战，统合了禅等东方思想，并将其以“场所”“绝对无”“绝对矛盾的自我统一”等理论表现出来。

172. 满洲事变，即“九一八事变”。

173. 拥护宪政运动，又称护宪运动，以反动派阀、官僚政治，建立议会政治为目的。两次拥护宪政运动分别始于 1913 年和 1924 年。

174. 天皇机关说，主张统治权归属于国家这个法人，日本天皇只是宪法下的最高统治机构。大正年间该学说与天皇主权说形成两大主流，然而 1935 年，该学说受到日本军方的猛烈攻击。

175. 教学刷新评议会，日本政府的教育咨询机关，成立于 1935 年，以日本军部和国粹主义者为后台，提倡宗教、政治、教学三位一体，视西方近代思想中的个人主义、自由主义、唯物论等为异端邪说。

176. 分栖共存，生活方式相近的两种生物合理分享生活空间和时间以避免竞争。

引用、参考文献

第一章

1.《西行全歌集》，久保田淳、吉野朋美校注，岩波文库，2013 年

2.《山家集》后藤重郎校注，新潮日本古典集成，1982 年

3.《山家集・闻书集・残集》《和歌文学大系》第 21 卷，明治书院，2003 年

4. 森重敏:《西行法师和歌讲读》，和泉书院，1996 年

5.《古今和歌集》《日本古典文学大系》第 8 卷，佐伯梅友校注，岩波书店，1958 年

6.《明惠上人集》，久保田淳、山口明穗校注，岩波文库，1981 年

7.《梅尾明惠上人遗训》，《日本古典文学大系》第 83 卷，《假名法语集》，岩波书店，1964 年

8.《吾妻镜》(新订增补、定制版)，《国史大系》第 32、33 卷，黑板胜美编，吉川弘文馆，2007 年

9.《后鸟羽院御口传》，《日本古典文学大系》第 65 卷，《歌论集》，岩波书店，1961 年

10.《拾玉集》《和歌文学大系》第 58、59 卷，明治书院，2008—2011 年

11. 上田三四二:《此世此生——西行・良宽・明惠・道元》，新潮社，1984 年

12. 大峰显:《宗教与诗的源泉》，法藏馆，1996 年

13. 高桥英夫:《西行》，岩波新书，1993 年

14. 目崎德卫:《西行思想史研究》，吉川弘文馆，1978 年

15. 安田章生:《西行》(新装版)，弥生书房，1993 年

16. 山本幸一:《西行的世界》，塙新书，1979 年

17. 山田昭全:《西行的和歌与佛教》《山田昭全著作集》第 4 卷，樱枫社，2012 年

第二章

1.《净土真宗圣典》(注释版)，真宗圣典编纂委员会编，本愿寺出版社，1988 年

2. 亲鸾:《教行信证》，金子大荣校订，岩波文库，1957 年

3.《叹异抄》，金子大荣校注，岩波文库，1931 年

4. 道元:《正法眼藏》全 4 卷，水野弥穗子校注，岩波文库，1990—1993 年

5. 道元:《正法眼藏随闻记》，水野弥穗子译，筑摩学艺文库，1992 年

6. 法然:《选择本愿念佛集》《净土真宗圣典·七祖篇》(注释版)，真宗圣典编纂委员会编，本愿寺出版社，1996 年

7.《历史思想集》《日本的思想》第 6 卷，丸山真男编，筑摩书房，1972 年

8.《佛陀真理语录·感兴语录》，中村元译，岩波文库，1978 年

9. 莲阿:《西行上人谈抄》《日本歌学大系》第 2 卷，佐佐木信纲编，风间书房，1956 年

10. 佐藤弘夫:《镰仓佛教》，筑摩学艺文库，2014 年

11. 赤松俊秀:《亲鸾》，吉川弘文馆，1985 年

12. 大峰显:《亲鸾的宇宙论》，法藏馆，1990 年
13. 末木文美士:《亲鸾——主上臣下背法》，Minerva 书房，2016 年
14. 武内义范:《教行信证的哲学》（新装版），法藏馆，2002 年
15. 武内义范:《亲鸾》《武内义范著作集》第 5 卷，法藏馆，1999 年
16. 武内义范:《亲鸾与现代》，中公新书，1974 年（《武内义范著作集》第 2 卷，法藏馆，1999 年）
17. 寺川俊昭:《叹异抄的思想解明》，法藏馆，1978 年
18. 长谷正当:《欲望的哲学——净土教世界的思索》，法藏馆，2003 年
19. 长谷正当:《本愿是什么——亲鸾理解的佛教》，法藏馆，2015 年
20. 赖住光子:《道元的思想——解读大乘佛教的真髓》，日本广播电视出版协会（NHKBOOKS），2011 年

第三章

1.《方丈记・徒然草・一言芳谈集》《日本的思想》第 5 卷，臼井吉见编，筑摩书房，1970 年
2.《方丈记・徒然草》《日本古典文学大系》第 30 卷，西尾实校注，岩波书店，1957 年
3. 鸭长明:《新订方丈记》，市古贞次校注，岩波文库，1989 年
4. 鸭长明:《方丈记・发心集》，三木纪人校注，新潮日本古典集成，1976 年
5. 吉田兼好:《新订徒然草》，西尾实、安良冈康作校注，岩波文库，1928 年
6.《十训抄》《新编日本古典文学全集》第 51 卷，浅见和彦校注译，小学馆，1997 年

7.《沙石集》《日本古典文学大系》第 85 卷，渡边纲也校注，岩波书店，1966 年
8. 上田三四二:《阅读徒然草》，讲谈社学术文库，1986 年
9. 唐木顺三:《无常》，筑摩学艺文库，1998 年
10. 木下华子:《鸭长明研究——表现的基层》，勉诚出版，2015 年
11. 久保田淳:《徒然草》，岩波 Seminar Books，1992 年
12. 岛内裕子:《兼好——露水我身无所安》，Minerva 书房，2005 年
13. 永积安明:《阅读徒然草》，岩波新书，1982 年
14. 西尾实:《日本文艺史的中世及其展开》，岩波书店，1961 年
15. 三木纪人:《鸭长明》，讲谈社学术文库，1995 年
16. 目崎德卫:《出家遁世——超俗与俗的相克》，中公新书，1976 年
17. 目崎德卫:《雅好与无常》，吉川弘文馆，1988 年

第四章

1.《世阿弥·禅竹》《日本思想大系》第 24 卷，表章、加藤周一编，岩波书店，1974 年
2.《世阿弥集》《日本的思想》第 8 卷，小西甚一编，筑摩书房，1970 年
3.《世阿弥艺术论集》，田中裕校注，新潮日本古典集成，1976 年
4.《新装解注谣曲全集》全 6 卷（订制版），野上丰一郎编，中央公论新社，2001 年
5. 道元:《正法眼藏随闻记》，水野弥穗子译，筑摩学艺文库，1992 年
6. 平康赖:《宝物集》，芳贺矢一校订，富山房，1927 年

7.《碧岩录》全 3 册，入矢义高等译注，岩波文库，1992—1996 年

8.《摩诃止观——禅的思想原理》全 2 册，关口真大校注，岩波文库，1966 年

9.《三五记》《日本歌学大系》第 4 卷，佐佐木信纲编，风间书房，1956 年

10. 二条良基:《十问最秘抄》,《日本古典文学大系》第 66 卷,《连歌论集·俳论集》，岩波书店，1961 年

11. 梦想国师:《梦中问答》，佐藤泰舜校订，岩波文库，1934 年

12. 今泉淑夫:《世阿弥》，吉川弘文馆，2009 年

13. 大谷节子:《世阿弥的中世》，岩波书店，2007 年

14. 大友泰司:《世阿弥与禅》，翰林书房，2007 年

15. 北川忠彦:《世阿弥》，中公新书，1972 年

16. 香西精:《世阿弥新考》，湾野书店，1962 年

17. 香西精:《能谣新考——对照世阿弥》，桧书店，1972 年

18. 小西甚一:《能乐论研究》(定制版)，塙选书，2007 年

19. 齐藤征雄:《阅读世阿弥的能》，幻冬舍文艺复兴新书，2012 年

20. 西平直:《世阿弥的习艺哲学》，东京大学出版会，2009 年

21. 增田正造:《世阿弥的世界》，集英社新书，2015 年

22. 三崎义泉:《止观的审美意识的展开——中世艺道与本觉思想的关联》，鹈鹕社，1999 年

第五章

1.《校本芭蕉全集》(定制版)全 10 卷 + 别卷，小宫丰隆监修，角川学艺出版，2013 年

2.《芭蕉俳句集》，中村俊定校注，岩波文库，1970 年
3.《诸注评释新芭蕉俳句大成》，堀切实、田中善信、佐藤胜明编，明治书院，2014 年
4. 能势朝次:《三册子评释》《能势朝次著作集》第 10 卷，思文阁出版，1985 年
5.《山上宗二记·附茶话指月集》，熊仓功夫校注，岩波文库，2006 年
6.《俳谐问答》,《校本芭蕉全集》第 9 卷,《评释·年谱·芭蕉遗语集》，角川学艺出版，2013 年
7.《去来抄》,《校本芭蕉全集》第 7 卷,《俳论篇》，角川学艺出版，2013 年
8. 赤羽学:《芭蕉俳谐的精神》，清水弘文堂书房，1970 年
9. 高桥英夫:《小宇宙——面对松尾芭蕉》，讲谈社，1989 年
10. 田中久文:《日本美的哲学化——哀·幽玄·枯寂·粹》，青土社，2013 年
11. 田中善信:《芭蕉——向着“轻”的境界》，中公新书，2010 年
12. 西田正好:《无常的文学——日本式无常美感的系谱》，塙新书，1975 年
13. 西谷启治:《宗教与非宗教之间》，上田闲照编，岩波书店，1996 年
14. 滨千代清（编）:《为了学习芭蕉的人们》，世界思想社，1994 年
15. 复本一郎:《芭蕉“枯寂”的构造》，塙选书，1994 年
16. 堀切实:《作为表现的俳谐——芭蕉·芜村》，岩波现代文库，2002 年
17. 目崎德卫:《芭蕉内面的西行——遁世·雅好·漂泊的系谱》，角仓选书，1991 年

终章

1.《新版西田几多郎全集》，岩波书店，2002—2009 年

2. 西田几多郎:《善的研究》(改版)，岩波文库，2012 年

3. 西田几多郎:《日本文化的问题》(特装版)，岩波新书，1982 年

4.《西田几多郎哲学论集》全 3 册，岩波文库，1987—1989 年

5. 上田闲照(编):《西田几多郎是谁》，岩波现代文库，2002 年

6. 藤田正胜:《西田几多郎——生存与哲学》，岩波新书，2007 年

7. 藤田正胜:《西田几多郎的思索世界——从纯粹经验到认识世界》，岩波书店，2011 年

写在岩波新书新赤版第1000部出版之际

一个时代结束了——人们这样说已经很久了。但是，今后又将是怎样的时代呢？我们甚至连它的轮廓都描画不出来。从20世纪带来的许多课题还未能找到解决的办法，21世纪又出现了不少新的问题。国际资本主义的渗透，连续不断的仇恨，暴力的回应——世界处于混沌和严重的不安之中。

在现代社会，变化已是常态，快而新带来绝对的价值。消费社会的深化和信息技术的革命消除了各种界限，已经彻底改变了人们的生活方式和交流方式。生活方式越来越多样化，一个人人都可以选择各自的生存方式的时代已经到来了。但同时新的不平等也产生了，各个阶层的龟裂和分化越来越严重了。人们对社会和历史的认识开始动摇，对于普遍性的理念产生根本性的怀疑，对于改变现实的无力感在悄悄蔓延。一个任何人都感觉难以生存的时代已经到来了。

然而，在日常生活的各种场合，通过争取并实践自由和民主主义来超越这种闭塞、开启一个希望的时代，也不是不可能的。

为此，我们现在应该做的，就是在个人与个人之间不断地进行对话，每一个人都坚持不懈地思索:要想像真正的人一样生活，我们需要哪些条件？我们认为，只有文化修养能成为这种探索的食粮。历史是什么？怎样才能更好地生存？世界以及人类应该向何处去？——正是对这些根源性问题的不断探索造就了文化和知识的厚重,化为修养且作为基础支撑着个人和社会。诚然，岩波新书自创刊以来一直追求的，就是为修习这些文化知识指引方向。

岩波新书赤版创刊于 1938 年 11 月，中日战争已酣之际。其发刊词主张，因为忧虑日本的不遵循道义精神的行为，因为要告诫人们还欠缺批判精神和富有良心的行动，所以这套丛书将以培养现代人的现代性修养为目的。后来又出版了青版、黄版、新赤版，总计 2500 多部作品。今天我们迎来了新赤版的第 1000 部作品。以此为契机，我们将再次确认人们对理性和良知的信赖，抱着继续培育被理性和良知所验证的文化的决心，装帧新版本，踏上新的征程。我们热切希望一册册新书带来的新风能吹到尽可能多的读者身边，并能丰富人们对于充满希望的新时代的想象。

2006 年 4 月

图书在版编目（CIP）数据

日本文化关键词 /（日）藤田正胜著；李濯凡译. -- 北京：新星出版社，2019.1（2020.10 重印）
ISBN 978-7-5133-3310-8

Ⅰ. ①日… Ⅱ. ①藤… ②李… Ⅲ. ①文化研究－日本 Ⅳ. ① G131.3

中国版本图书馆 CIP 数据核字（2018）第 261741 号

日本文化关键词
[日] 藤田正胜 著
李濯凡 译

责任编辑 汪 欣
特约编辑 高伟健
装帧设计 周伟伟
内文制作 李 娜 张顺霞
责任印制 史广宜

出 版 新星出版社 www.newstarpress.com
出 版 人 马汝军
社 址 北京市西城区车公庄大街丙 3 号楼 邮编 100044
电话（010）88310888 传真（010）65270449
发 行 新经典发行有限公司
电话（010）68423599 邮箱 editor@readinglife.com
印 刷 山东韵杰文化科技有限公司
开 本 787 毫米 ×1092 毫米 1/32
印 张 6.5
字 数 128 千字
版 次 2019 年 1 月第 1 版
印 次 2020 年 10 月第 2 次印刷
书 号 ISBN 978-7-5133-3310-8
定 价 39.00 元

NIHON BUNKA O YOMU, 5-TSU NO KIWADO
by Masakatsu Fujita

Originally published in 2017 by Iwanami Shoten, Publishers, Tokyo.
This simplified Chinese edition published 2019
by ThinKingdom Media Group, Limited, Beijing
by arrangement with Iwanami Shoten, Publishers, Tokyo.

著作版权合同登记号：01-2018-5910